序　一

受权威兄之命，为他的新作《尊重教育：教育生态的诗意重构》写序，于我确是惴惴不安。但作为一个老朋友，能够作为本书的第一批读者，随潘校长的叙述走进他二十多年开展"尊重教育"的岁月，并写一点我的读后感，又让我有些踊跃了。

我仍清晰记得，与权威兄的初次相识是在《中小学管理》杂志社举办的校长课程整合教练工作坊期间。在所有参加工作坊的校长中，权威兄并不是最活跃的，但他总是显得若有所思，静水流深。此后，他虽非改革成果产出最快者，却频出重磅成果，"全国教学成果奖"、教育部"义务教育教学改革实验校"等国家级荣誉不断，令人称叹。所以，此刻展读书稿，回溯权威兄于校园深耕改革的历程，方能深刻体悟：他以躬身笃行的姿态，将改革者的理想与实践熔铸为一。二十年来，他确乎一直如此。

"尊重教育"应该是我国学生主体性教育运动中的一个非常重要的教育探索，瑞安市安阳实验小学堪称"尊重教育"实践探索中的典型范例。潘校长不仅跟随他的前任陈钱林校长一起走过探索的前期，还承继并创新了探索的后期。潘校长基于瑞安市安阳实验小学"尊重教育"实践所开展的理论阐释与经验总结，在我国当前课程改革进程中具有独特的实践价值与理论意义。

细读此书，我有几点体会。

第一，瑞安市安阳实验小学践行"尊重教育"理念的历程，既是对国家课程改革政策的积极响应，更是在落实改革任务过程中持续深化对学生学习规律认识的探索过程。潘校长在书中，按照时间线依次描述了课堂改革、作业改革、项目化学习探索、跨学科教学探索等,这正是国家课程改革不同阶段的重点任务。但这不是本书的意图。本书的意图在于:在服务于国家课程改革不同阶段任务的过程中,安阳实验小学所做的,不是简单的回应,而是将不同阶段的课程改革精神与认识学生、理解学生相融合,进而真正尊重学生作为"独立个体"的自主成长规律。在第一个阶段,学校提出将课堂、兴趣还给学生;在第二个阶段,通过作业改革将选择权还给学生;在第三阶段重构空间推进课程改革,将学生精神自由成长还给学生。这是三个关键的维度:首先,建立基于尊重的教学关系,帮助学生实现自我认知——通过提供多样化的课程和分层作业选择,引导学生在自主决策中认识兴趣、评估能力、培养勇气;其次,在项目化学习和跨学科教学中,有机整合学生的生活经验、学习任务和社会互动;最终,通过真实的生活情境任务,实现"尊重教育"所追求的人格培育目标,促进学生全面发展。

之所以描述上述历程,就是想跟读者讨论一个观点,与所有的教育理念一样,在"尊重教育"理念内涵相对稳定的情况下,对以"尊重教育"理念引领办学的校长来说,这个理念的落地,需要紧紧将学生主体发展放到核心地位,并随着改革政策安排不断深化,体现出良好的渐进性、实效性,使得教师、学生及其他相关主体稳稳地融入改革进程中,从而降低冒进改革的成本与风险——潘校长牢牢把握了这个改革节奏,这是我国当代校长改革者特别需要的一种气质。

第二,潘校长开展"尊重教育"理念引领下的二十多年办学历程,就是他自己践行"尊重教育"的历程,更是他自己不断积极开展反思和行动的历程。在整本书中,我能够深深感受他对陈钱林校长——安阳实验小学"尊重教育"开启者的尊重,他在书中描述的二人的交往故事,都表现出"尊重教育"所期待的认同、理解和支持等教育行为。我从中能够理解的是,这也是潘校长能够继续坚持"尊重教育"、发展"尊重教育"并时有创新的重要因素之一。

潘校长在书中也用一个单独的篇幅介绍了自己少年时代的几个成长故事,其中他被老师贴"差生"标签、后来修正过来的故事,还有他刚当老师时感到"学用差距"的故事等。过了几十年,这些故事依旧盘旋在潘校长的心头,如昨天的经历一般。我想,这些故事正好给了潘校长持续的警醒,让他能够把这些故事转化为在教学和管理中用来理解"尊重教育"的内涵、辨识"尊重教育"的施教要求等的经验和工具,这正是作为一位理性反思者所具有的重要素养:将以往经验、当下实践、身边理念(理论)结合起来,凝结成新的行动力量、方向和策略。

潘校长在书中也提到了自己以永嘉学派及其代表孙诒让为师,从他们那里获得精神力量、理念启发的经历,而这些精神与理念确实为潘校长的教育改革提供了力量,与该学派提倡的"经世致用"的内核保持了一致。黄宗羲所说,"永嘉之学,教人就事上理会,步步着实,言之必使可行。足以开物成务"。潘校长因为解决问题的现实需要,转而从地域文化传统和先贤的思想中去理会,进而在新时代教育改革背景中承其思想、创其路径、追其实用,这可能也是一种穿越时空的尊重教育吧!此时,特别希望潘校长能够在未来的校长生涯中不断革新,在属于未来的教育文化中寻求破圈,做出超越的新尝试。

《北京教育学院学报》《教师发展研究》主编　柴纯青

2025 年 6 月 10 日

序 二
教育者的心灯

作为轻负高质学校的典范,瑞安市安阳实验小学始终秉持"尊重教育"理念,打造了一个充满爱与智慧的幸福校园。我有幸与潘权威校长在内的安阳实小人共事十年,共同见证了一段跨越式发展的校史。

瑞安市安阳实验小学践行"尊重教育"理念,源于时任中央教育科学研究所教育心理研究室主任俞国良教授的建议。起初,我倾向于"期望教育"或"人格教育",但俞教授从东西方教育比较的角度指出,我国基础教育虽基础扎实,却普遍存在对儿童尊重不足的短板,若能补上这一短板,教育将更趋完善。这一观点也得到了我国心理学泰斗林崇德先生的认同。

学校教师的创新热情极高,围绕"尊重教育"理念不断推动实践创新。几项成就至今令我自豪:在人才培养方面,近年毕业生中约33.3%考入浙江省一级重点中学——瑞安中学,专任教师中25%获评中小学高级教师职称;在教育改革方面,2002年首创的"'星卡'评价制度"育人体系和2007年推出的"自主作业"教学模式均在全国产生示范效应;在社会影响力方面,教育部主管的权威期刊《人民教育》分别于2012年和2018年以专题报道形式深度介绍学校办学特色。

潘权威校长是从优秀教师、班主任成长起来的名校长。记得一次巡视校园时,我偶然旁听了他组织的班级家长会,他深厚的教育理念令我深受触动。不久,他便被提拔为少先队大队辅导员,后任政教处主任。潘权威深得教师信赖,安阳实小"尊重教育"在德育领域的成果,离不开他的精心设计与实践。

　　2011 年,潘权威调任瑞安市实验小学副校长,次年升任瑞安市虹桥路小学校长,教育思想日益成熟。时任瑞安市教育局局长的姜宗羽深谋远虑,为将安阳实小"尊重教育"理念打造成区域教育品牌,特将潘权威调回安阳实小任职。潘权威校长不负众望,以教育家办学的思维,带领团队丰富"尊重教育"内涵,推动全面创新。尤其在课程与教学领域,成就斐然:如"真善美乐"课程,理论与实践相融,契合教育本质;又如场馆课程,在全国具有前瞻性。2023 年,安阳实小获评"全国义务教育教学改革实验校"称号,这一国家级荣誉在温州教育史上书写了浓墨重彩的一笔。

　　潘权威校长将其二十多年创意教育实践经验编撰成书,系统呈现了一位教师成长为教育家型名校长的发展历程。该著作既是对其教育生涯的珍贵记录,更为年轻教师和校长们提供了专业借鉴。在当前"温州学"研究蓬勃发展的学术背景下,安阳实小作为全国基础教育典型,以其独特的办学智慧彰显了新时代温州精神。著名教育家、《人民教育》原管理室主任任小艾曾称赞其为"神奇的学校",其敢为人先的创业精神与智慧,与永嘉学派一脉相承,也为"温州学"研究提供了鲜活案例。鉴于此,我认为这本书意义深远。

　　翻阅此书,字里行间流淌着教育的温度与智慧的光芒。潘权威校长的成长故事,恰似一盏明灯,照亮后来者的征途;安阳实小的"尊重教育"理念,更如春风化雨,滋养着每一颗童心。愿这份教育情怀,薪火相传,生生不息! 愿安阳实小"尊重教育"典型,给予全国教育者以深刻启示!

　　是为序。

全国知名校长、资深家庭教育专家　陈钱林

2025 年 5 月

前　言

如今,标准化测试把教育空间切割得规规矩矩。走进现在的很多学校,你会看到课程表安排得精确无比,就像机械齿轮紧密咬合,一点差错都不能有;评估体系像游标卡尺一样,仔细衡量着学生的每一点成长;行为规范则如同模具,致力于将学生千差万别的性格统一化……如此追求确定性的教育方式,通过对学生"严防死守",把复杂的生命成长过程简化成可以复制的技术流程。但是,瑞安市安阳实验小学二十多年的教育实验,却用"无序之美"打开了新局面。在看似不受控制的教育环境里,焕发出了让人惊叹的蓬勃生机。从这所学校毕业的学生,在创造力、批判性思维和社会适应能力等方面,都表现得特别优秀。

而这,促使我们进一步反观当代教育存在的深层问题。

一、秩序迷思: 被"算计"的教育困境

现代学校制度是在工业文明的流水线思维下产生的,它要求教学标准化、流程化,从而达到高效率。这种"出身"带来的问题,到了数字时代,又被算法技术放大了好多倍。比如,某地有一所重点中学,用"智慧校园"系统,能精确到秒追踪学生的行动轨迹;还有一所国际学校,通过"学习分析平台"把学生的认知过程细分成728项数据指标。这种全方位的教育监控,其实是把过去"人为自然立法"的理念,变成"算法为人立法"。教育者一门心思用复杂的技术去预测学生的发展,规划他们的成长道路,却没意识到,这样做是把学生的生命,降格成了一堆可以计算的数字。

对秩序的过度追求,让教育变得很压抑:标准化的教案,让教学失去了原本的艺术感;量化的评价方式,让学习变得单一无趣;严格的行为约束,把成长中的各种可能性都抹杀了。就好像阿根廷作家博尔赫斯写的那个按照字母顺序建造的图书馆,虽然看起来既精确又完美,可实际上脱离了真实世界的运行法则。

教育体制的过度规训,正悄然酿成一场系统性危机。所有的决策都提前设定了所谓的"最佳答案",所有的道路都被算法规划好了,如此一来,学生的学习和成长就变成了按部就班的流程,不再有探索的乐趣。神经科学研究发现,一直处在过度结构化的环境中,会影响青少年前额叶皮层的正常发育,这是导致现在很多年轻人缺乏创造力,还总是害怕尝试新事物的原因之一。

生活在物质丰裕时代的 Z 世代,却越来越觉得人生没有意义,这就是德国哲学家海德格尔说的技术控制的问题:当教育变成了一个固定的生产系统,学生就没办法自由成长、展现自己。

二、无序之熵:自由生长的教育诗学

浙江省瑞安市安阳实验小学却走了一条与众不同的教育之路。

学校里常常出现这样的教学场景:数学课可能在操场的梧桐树下进行;语文课的讨论说不定会变成不同年级一起参与的思想盛宴;科学实验的失败结果,反而激发了艺术创作的灵感……更重要的是,这些看起来有点混乱的教学场景,竟然还是有"制度保障"的。

原来,经过对"尊重教育"理念的多年实践,瑞安市安阳实验小学形成了自主作业、项目化学习、综合评价等多维度的教育改革体系,从而打造了一个特别理想的学习模式。这样的学习环境,如同科学家研究蚁群所发现的那样,蚂蚁们看似混乱地互动,却能产生超越个体的集体智慧。在瑞安市安阳实验小学,教师不再主导课堂,学习不再是单纯的知识灌输,而是学生自主探索、构建知识的过程。

在这个没有太多限制的校园里,学生们通过不断试错,慢慢建立起自己的知识体系。

有个四年级的学生偷偷拆解实验室仪器,结果发现了流体力学的原理;辩论社的一次激烈争吵,竟然催生了一个市级科技创新项目。这些看似偶然的事件告诉我们:创新往往就出现在规则和自由的中间地带。神经教育学的实验也证明,在没有太多固定模式的环境里,大脑负责创造性思维的区域会更活跃。

瑞安市安阳实验小学的实践,让我们重新认识了学习的本质:教育不是简单地执行固定程序,而是为学生创造一个自由探索的环境;学校不再评选三好学生,而是让学生自己设计评价方式;教师也不再是高高在上的知识权威,而是变成了帮助学生成长的引路人。这样的教育环境,就像一个包容的大空间,每个学生都能按照自己的节奏学习,每次不一样的思考,都可能带来知识的新突破。

三、无序之美:教育的平衡艺术

履践"尊重教育"理念多年,我逐渐领悟到这样一个道理:真正懂教育的人,知道要在秩序和自由之间找到平衡。而这,就需要我们换一种思维方式来看待教育:既不能像以前一样,什么都规定得死死的,也不能完全不管、放任自流,而是要在各种可能性中找到最合适的管理办法。

这方面,瑞安市安阳实验小学的"课程星云"模式就做得很好:学校设定了核心素养培养的大框架,就像太阳系里太阳的引力,保证了整个体系的稳定性;同时,又给学生的个性化学习留出很大空间,就像太阳系里的行星,各自沿着不同的轨道自由运转,形成了一个有序和无序和谐共存的教育体系。

当然,要建立这样的教育环境,教师的角色也必须改变。教师不能再像工程师一样,把学生当成没有感情的机器来操控,而要像哲学家一样,懂得在确定的规则里,给学生留出自由发挥的空间,在必然的发展路径中,培养出更多的可能性。这就要求教育决策不能太死板,要从生态的角度去考虑,评价学生不能只看简单的因果关系,教学设计也要有灵活性和创造性。

展望未来的教育,我们不需要更复杂、更严格的控制手段,而是要重新理解教育里的"不确定性"。当学习的空间允许学生有意外的收获,当教师和学生能建立起深度的、互相影响的关系,教育才能真正成为打开学生心灵枷锁的钥匙。这种解放不是完全不管,而是在更高的层面上,把自由和责任结合起来,让每个学生都能找到自己的成长道路。

如今,我们正处在社会快速变化的时期,教育也面临着根本性的改革。瑞安市安阳实验小学二十多年的实践是一个成功的实验,告诉我们真正有生命力的教育,不是那种规规矩矩、一成不变的模式,而是在看似自由、无序的环境里,让学生自由成长。如果我们有勇气接受教育中的不确定性,在秩序和自由之间找到平衡,重新打造学习环境,或许就能找到解决现代教育问题的办法。

我通过这本书想表达的,就是这种超越死板规则和完全放任的教育之美——在这里,没有控制和放纵的矛盾,只有学生自由成长并书写的教育故事。

站在人工智能重构人类文明形态的历史隘口,教育正经历着五千年来最深刻的范式改革。瑞安市安阳实验小学的实验告诉我们,真正有生命力的教育不在于更精密的监控算法,而在于重拾教育的原始温度——那是苏格拉底在雅典街头散步教学时的思辨激情,是孔子杏坛讲学时“各言其志”的自由风度。循此理念,瑞安市安阳实验小学的教师们认真学习如何成为“教育生态学家”:他们不再执着于修剪生命的枝丫,而是致力于培育能让每颗种子都找到生长空间的丰沃土壤。

潘权威

2024 年 11 月于温州

CONTENTS　目录

第三章
做不做作业？孩子自主决定！——作业改革石破天惊

第四章
滋润每一颗求知的种子——项目化学习的效力和魅力

第五章
打破课与课之间的围墙——势在必行的课程改革

第六章
理想校园是博物馆的模样——学校空间的重塑与再生

第七章
世界是孩子最好的教材——打造"家庭+学校+社会"生态链

第八章
多一把尺子就多一批好孩子——综合评价体系改革

第九章
有好老师才有好学生——教师管理模式改革

第十章
总结与回顾——面向未来的"尊重教育"新理念

第一章

让每一个孩子绽放童年
——理解什么是"尊重教育"

从第一次拿起教鞭，转眼间，我的教育生涯已逾三十载。在这漫长的岁月里，我始终坚守着"教育无等差"的教育理念。无论学生的家庭背景如何、个人天赋怎样，都给予同等的关注与支持。为践行这一理念，我向古今中外的教育大师们学习，汲取智慧和灵感，逐渐深入教育的真谛。

在职业生涯的关键阶段，我有幸见证了陈钱林校长引领的"教育改革旋风"。这场改革改变了传统的教学方式，更激发了教师对于教育事业的热情与思考。作为其中一员，我积极参与改革之中，并成为"尊重教育"理念的忠实践行者和发展者之一。我坚信，好的教育不仅仅是知识的传授，更在于培养学生独立思考的能力以及良好的人格品质。

第一节
教育无等差：我的执教信念之旅

20世纪90年代，我登上讲坛，屈指算来，执教生涯已逾30年，可谓亲身经历了中国基层教育的起伏跌宕，亲眼见证了教育改革的曲折进程。在此过程中，我感受最深且最为直观的，乃是教师对待学生态度的转变。

初执教鞭时，教师将学生分为"好生"和"差生"的做法颇为常见，区分标准既残酷又单一，即"以成绩论英雄"。成绩优者为"好生"，不佳者为"差生"，二者待遇大相径庭，用今时的话讲便是"双标"——"好生"即便课堂表现稍差、纪律稍逊，教师也视为平常；对待"差生"则毫不留情，动辄批评、指责、惩处，课堂纪律稍有差池，便一股脑儿全归咎于"差生"。长此以往，形成了一种现象，受表扬的总是那一批"好生"，遭批评的永远是那一批"差生"。

这种现象在当时的基层教育领域屡见不鲜，大家似乎都习以为常。而我却成了异类。我从执教的首日起，就下定决心要对学生一视同仁，公平公正地对待每一位学生，坚决不区分"好生"和"差生"。为何执意如此？这与我小学时曾被定义为"差生"的经历有关。

有一次，我随哥哥和他的同学外出玩耍，路过一池塘，他们跳下去游泳，我年纪小又不会游，只能帮忙看管衣物。后来学校知晓此事，因"野泳"存有安全隐患，是明令禁止的，我们被唤至校长室受训。我的班主任也被校长批评了几句。或许是迁怒吧，自那以后，我便成了老师眼中的"差生"。我深感冤枉：我未曾下水，并未违反校规，老师怎能不分青红皂白呢？

于是我心生怨怼，进而对班主任极为反感，对他所教的数学学科丧失兴趣，成绩也一落千丈。整个小学阶段，我的数学都极差，沦为"学渣"。这进一步固化了我"差生"的形象，因而更不受班主任待见。我开始自暴自弃，在课堂上睡觉、捣乱，课余与其他"差生"厮混，令老师颇为头疼。

直至升入初中，在新班主任谢雄荣老师的鼓励下，我的成绩迅速提升，很快实现了从"差生"到"好生"的逆袭。这形成了正反馈,班主任对我愈发宠爱,各学科老师也对我青睐有加。由此,我感受到来自老师宠爱的教育力量,萌生出报考师范学校、投身教育事业的想法。应当说,是这位初中班主任重塑了我的人生轨迹。

正因曾经身为"差生",体会过其中滋味,所以当自己踏上教师岗位后,便极力避免将学生划分等级。所谓"差生",在我眼中乃是"潜能生",只要善于引导,他们定会竭尽全力成为最出色的自己。

其中最为关键的转变在于打破"以分数论英雄"的固有模式。在我看来,分数并非评定学生的唯一标准,教育者不应一刀切,将多彩的学生群体生硬地分为"好生"和"差生"两类。

实际上,有的孩子或许成绩欠佳,但具备组织天赋,动手能力出众,富有才情,能歌善舞……这些皆为优点。遗憾的是,众多教师受传统观念影响,认为此类孩子成绩不佳,且调皮、不听话,有意无意地加以排斥。我则认为,教师不能仅盯着学生的一两处短板,忽略其身上更多的闪光点,进而以偏概全,将其"打入冷宫"。此恐非为人师者所应为。

故而,我坚定自己的主张,发现每个学生身上的闪光点,并鼓励学生们踏上属于自己的出彩之路,这是我教育生涯的开端。

担任班主任的那些年,我依据每一个学生的特长,设置了不同的班级岗位。卫生角由谁负责,教室里的绿植由谁养护,课前谁来领读,合唱由谁指挥,做到"事事有人做,时时有事做"。这一方面是锻炼学生的生活技能,另一方面是为了多几把衡量学生的尺子,让学生、教师和家长摆脱"唯分数论"的泥沼,淡化"好生"与"差生"的刻板划分。

如今回首,这些举措甚为细微,远谈不上改革。但在当时,效果却是立竿见影的。我能够明显感觉到,我所带的班级,学生的学习积极性提升了,师生关系更为融洽,班集体的精神风貌也焕然一新。更没有明显的"好生"和"差生",似乎人人平等,班级里每个孩子都有归属感,都是班级的主人。家长的反馈也甚佳,纷纷称赞我这个班主任当得好,遇到问题都愿意第一时间与我交流。

当然,在二三十年前,坚持这样的观点并非易事。我清晰记得,有那么几年,随着学业竞争日益激烈,施行"好生"进快班、重点班,"差生"进慢班、普通班这类歧视性政策的学校不在少数。我所在的学校虽尚未如此"激进",但压力总归存在。

而我拒绝区分学生优劣的做法与大环境确有不合,为此,不理解、不认同的声音从未断绝。

面对质疑,当时身为年轻教师的我也曾犹豫、彷徨、迷茫。但直觉告诉我,自己的坚守无误。只是,开辟一条教育新途需要更有力的理论支撑,也需要进行更多的探索。路漫漫其修远兮,吾将上下而求索。

第二节
从经世致用到教育革新：
孙诒让先生的影响与启示

在师范学校求学的几年，我接受了系统的教育学学习，并阅读了大量的著作。我对教育学原理、教育心理学和教育社会学都有所涉猎，可以说我有一定的知识储备。然而，纸上得来终觉浅，一旦亲自实践，我就深感书本里的知识不够用了。

还有一个原因。我在师范学校求学是在 20 世纪 80 年代末，那时的教师仍然依循传统的教学模式，以讲授知识为主，用的是"填鸭"式的教学方式。整堂课全是教师唱独角戏，学生只顾埋头听讲，看似记住了，考试成绩也不错，可等到自己踏上教师岗位，立刻感到所学与所用之间存在着巨大裂缝。当然，这不是说理论本身错了，而是因为学习者未能将理论内化，导致理论与实操脱节。

因此当务之急是弥合裂缝。而正好，我积累了一些教学经验，又在教学中有所困惑与反省，于是萌生了重读经典，向古今中外的教育大师取经的念头。

我的家乡浙江瑞安，具天瑞地安之祥气，素有"东南小邹鲁"的美誉，自古以来文风昌盛，商贸兴旺。瑞安还是永嘉学派的发祥地，历代文人众多，人文荟萃，以陈傅良、叶适、孙诒让等为代表的学者、思想家、文学家、教育家所倡导的"经世致用、义利并举、道器不离"的永嘉学派思想，对后世产生了深远影响。

近水楼台先得月，最初给我教育生涯启示的，是瑞安本地经学大师——孙诒让先生。

孙诒让，字仲容，在经学、子学、考据学及地方文献整理等传统学术领域造诣精深，有"朴学大师"之美誉。他也是一位教育家，为瑞安的教育事业做出了卓越贡献，并垂范全国，成为近代新教育的重要开创者。

说来也巧，我曾经任教的两所学校都与这位乡绅颇有渊源。

我任职过副校长的瑞安市实验小学（简称"瑞安实小"）就是孙诒让先生倡办的。瑞安实小的前身可追溯至清末，其创办之初即为新式学堂，校园里至今矗立着孙先生雕像,每每经过,我都会肃然起敬,觉得先贤热切的注视是一种鼓励和期望。

我曾任校长的瑞安市虹桥路小学校园内,坐落着孙诒让先生于1896年创办的学计馆旧址。时值甲午战败,举国震惊。孙诒让先生痛定思痛,深感学子只知作八股文章,将青春抛掷科场,实属误国误民,遂创设学计馆,招收幼童,教授数学。这也是浙江省最早教授数学的专门学校。我经常在课余踱步其间,与先贤进行"隔空对话"。

孙诒让先生最触动我的,首先就是打破窠臼的勇气。孙诒让所处的时代,程朱理学是绝对的主流,朝廷认证它是唯一的正统之学,因此读书人的脑瓜被四书五经牢牢占据。在这样的情况下推动新教育,举步维艰。但他义无反顾地做了。他为学计馆撰写的对联"质力弥纶,努力开拓新世界;物竞天择,回头科举老先生",如同一份铿锵有力的宣言,激荡在天地间。

这种"虽千万人,吾往矣"的精神,对当年初执教鞭的我产生了很大的激励作用。我从教近三十年,搞了很多在同行看来"离经叛道"的改革,遭遇的阻力不在少数。艰难时刻,我都会"拜访"孙诒让先生,从他那里汲取力量。位于瑞安市道院前街5号的玉海楼(孙诒让故居),就是我常逛常新之处。在他的精神鼓舞与触发下,我坚持不懈追求教育改革实践。我在瑞安市虹桥路小学实践课堂改革,成果获国家基础教育教学成果二等奖;在瑞安市安阳实验小学实践五育融合学习方式改革,学校荣获全国教育教学改革实验校。

孙诒让先生另一个触动我的地方,是他奉行终身的学以致用精神。

在清末的时代变局中,疾呼改革者多,身体力行者少,孙诒让先生是难得的实干派。他创办瑞安方言馆、永嘉蚕学馆、瑞平化学学堂,提倡"通合诸科,陶铸人格",培养科学人才;他参与实际经营,涉足蚕桑柑橘、渔业捕捞、矿山铁路、交通运输等行业,并因兴办实业卓有成效,被推举为瑞安商会总理。孙诒让先生的经历,也给了我一定要将所学付诸实践的底气。我相信,只要实践,必能收获成功。

进一步的了解使我体认到,孙诒让先生的作为绝非他个人发生了什么"基因突变",而是同本地深厚的文化脉络紧密相连。

温州地区的永嘉学派素以"经世致用,义利并举"闻名,有"事功学派"之称。自南宋思想家叶适提出"通商惠工,流通货币"的实用主义主张以来,永嘉学派影响浙东士绅,形成了与大谈"心性"的程朱理学迥然有别的学风。孙诒让先生处于这条文脉之中,一旦外来事物涌入,与文脉中的某些因子相碰撞,便能迸发出强劲的生命力。

事实也正如此。清末民初的瑞安群星闪耀,涌现出一大批开明乡绅,他们倡新学、办实业,开启了瑞安的现代化进程。

这表明,本土的优质人文资源是能够与当下相融合,激发新的活力的。这也是"学以致用"的一种生动表现。我担任瑞安市安阳实验小学校长期间,与教师团队精心打磨地方课程,校园内还设置了各种地方文化元素,目的就是让孩子们从本土的人文土壤中吸取养分。这样的成长才是接地气的、扎实的。

这些当然是后话了,回到初为人师的岁月,孙诒让先生打破窠臼的勇气和学以致用的底气,可以说是我谋求破局的"精神原动力"。

第三节
我的"五大导师"：
向古今中外的教育大师取经

20世纪20年代，清华大学国学院坐拥五大导师，分别是梁启超、王国维、陈寅恪、赵元任和李济，世人称之为"五星聚奎"。吾生也晚，无缘亲聆大师之教诲，唯有遥望那个群星璀璨的时代。然而，我又是幸运的。凭借自身的摸索，再加上些许机缘巧合，我构建起了属于自己的"导师天团"，不多不少，亦是五位。

倘若说孙诒让先生是精神原动力，支撑着我于教育改革的洪流中奋勇搏击前行，那么这五位导师便是引路人，引领我持续修正航道，勇闯一个个激流险滩。

首位导师乃孔子。孔子被后世尊为"至圣先师"，其对中国教育的影响实难估量，堪称天下读书人的共同师表。我不仅精读了《论语》《孔子家语》，还从钱穆、李泽厚、井上靖等中外学者的著述中知悉孔子的生平与思想，并结合教学实践，形成了自身对于孔子的独到见解。

我将孔子的思想划分为礼学与仁学两大板块，礼学为表、仁学为核。

礼学旨在讲规矩，促使孩子们养成优良的行为习惯，不越规矩行事。然而，礼本身并非目的。人与人交往需有准则，此准则即为礼，故而礼应为人服务，不可本末倒置。孔子就坚决反对形式主义的虚礼。他以仁学作为礼学的内核，倡导"仁者爱人"。教师亦应如此，要让孩子知晓这个世界爱他，孩子也要爱这个世界。当爱于心田扎根，孩子便能与周遭事物、与整个世界建立情感纽带。如此一来，礼便从束缚孩子的枷锁转变为孩子用以爱人、爱世界的工具。礼便有了意义与温度。

众多家长向我诉苦孩子"不服管"，不讲礼，实则是由于他们舍弃了仁，一味地强调守规矩。孩子感受不到礼的意义与温度，只觉其冷冰冰，难免会滋生逆反心理。

第二位导师为孟子。在我看来，于传统的教育思想中，孟子学说最具现代特质。孟子言，见到位高权重之人切勿自惭形秽，而应予以藐视；又道，人需有主见、有定力，养成"虽千万人，吾往矣"的浩然正气。我从中洞察到他对人格独立的重视、对思想自由的坚守，而"人格独立，思想自由"这八个字，恰是现代教育的核心要旨。我后续参与"尊重教育"理论的创建与完善，提倡教育者必须尊重人格、尊重差异，其源头便可追溯至孟子。

我的第三位导师是 18 世纪法国的思想家、教育家卢梭。卢梭的著作颇丰，《爱弥儿》乃是我的挚爱，二十余年来常读常新。

在这部教育小说里，卢梭提倡自然主义教育观。他强烈抵制将儿童禁锢于密闭空间，强迫他们学习社会规训，埋头苦读书本。卢梭主张"归于自然"，即把儿童置于自然环境中自由成长。他说："教育儿童并非要诵读文学名著，而是要认识自然，感受自然。"卢梭认为，人源自自然，"自然状态"中的人才最为自在、最为健康，也最具想象力与创造力。将儿童归于自然，其实质乃是遵循儿童天性，让儿童过上应有的生活。

卢梭的自然主义给予我极大的触动。中国的教育工作者接纳孔孟之道并非难事，甚至可以说已深植于基因之中，一点即透。自然主义却有些反直觉。犹记得初读《爱弥儿》时我的反应——任凭孩子"野蛮生长"，真的可行吗？

后来我渐渐领悟，自然主义并非否定礼仪和规矩，而是强调要在遵循儿童天性的基础上对儿童进行教化。就此而言，自然主义乃是有益的补充。在瑞安市安阳实验小学担任校长期间，我竭力为孩子们营造贴近自然的生活学习环境，呵护他们的天性，创建昆虫馆、萌宠馆，开辟百草园、种植园，皆是基于此理。

有趣的是，这又与我的第四位导师——杜威的教育理念不谋而合。我不禁感叹，大师的思想在高处交汇，教育的底层逻辑是相通的。

杜威，20 世纪美国著名的哲学家、教育家，他的《民主主义与教育》我曾反复研读。杜威在卢梭理论的基础上更进一步，提出"生活即教育，教育即生活"的观点。杜威指出，社会生活离不开沟通与传递，而教育是沟通和传递的过程，因此，社会生活本身自带教育属性。这意味着将孩子"圈养"在校园里，切断与社会的联系，有悖于教育的本质。这恰恰也是传统教育模式的弊端。

日后我极力主张拆除校园与社会之间的藩篱，打造"家—校—社共同体"，将学校视作小社会，便是在践行杜威的主张。

孔子与孟子、卢梭和杜威，这四位导师从不同维度加深我对教育的认知，我亦将他们的思想精髓加以消化、吸收,用以指导教学实践。更为幸运的是,在教育生涯的关键时期,我与当代教育大家——陈钱林校长相遇相识,并在其引领下整理、提出了"尊重教育"理论,这使我得以将自己在摸爬滚打中形成的经验理论化、系统化。从这一意义上讲,陈钱林校长乃是我的第五位导师。

关于这位导师的事迹,以及我是如何与他结缘,又如何被他的人格魅力和教育理念深深吸引的,值得细细道来。

第四节

打破师道尊严：
陈钱林校长掀起"教改旋风"

我与陈钱林校长结缘于 2001 年。彼时，他从瑞安市教育局调至瑞安市安阳实验小学担任校长一职。在教育局时，陈钱林校长先后在教科室、高中科、办公室等岗位磨炼，其履历之出色，不言而喻。然而，对于一位机关干部能否管理好一所学校，尤其是像安阳实验小学这样的新创学校，身为一线教师的我们，内心是存有顾虑的。

未曾想，陈钱林校长很快便消除了我们的顾虑。他的儒雅博学本就是一大优势，容易令人信服。他还与每一位教师促膝长谈，分享自身的经历与感悟，从而拉近了彼此的距离。就这样，校长与教师团队之间的信任感得以建立。

于我而言，陈钱林校长身上的几个特质令我产生了强烈的共鸣，使我几乎在第一时间便认定了这位导师。

首先，是他对教育矢志不渝的热忱。1984 年，陈钱林校长师范毕业后便投身教育事业。恰逢改革开放初期，"下海"之风盛行，温州又是风气先行之地，陈钱林的父亲、哥哥都开办了工厂，并希望他能进厂协助。在父兄眼中，教师的薪资微薄，怎能与经商相比？但陈钱林不为所动，坚守教育岗位。后来，因教学成绩出色，他调任至瑞安市教育局，并逐步晋升为中层干部。旁人羡慕他前途光明，可他却心系教育，初心不改，多次申请重返学校。担任安阳实验小学校长，便是他主动请缨的结果。

在与我谈心时，陈钱林校长曾这般解释他当初的抉择："我坚信，教师的生命必然在课堂，教育工作者的生命必定在基层学校！"有了这句话，教师们都安心了：这绝不会是一位来基层挂职以获取晋升资本，随后便高升离去的校长。后来学校的发展也证实了这一点。他在安阳实验小学勤勤恳恳地耕耘十年，成果斐然，打造出了一所凭借理念创新引领实践改革，并在全国颇具影响力的窗口示范校。全国各地的教育同仁纷纷前来参观访问。安阳实验小学取得成绩后,各方都向陈钱林校长伸出了橄榄枝,瑞安市教育局甚至想请他回去担任副局长。面对这些诱人的机会,陈钱林校长皆一一婉拒。

我与陈钱林校长关系亲近,还有一个缘由,那便是相似的成长经历。陈钱林校长出身农村,我亦是来自农村。师范毕业后,陈钱林被分配到农村学校教授语文;我师范毕业后则被分配到乡镇小学,教的同样是语文。因此,无论在工作还是生活中,我们都拥有众多共同话题。比如,我们都毫无阻碍地接纳卢梭的自然主义教育观,并极力推崇。原因很简单:这与我们的乡村生活经历极为契合,天然就有一种亲切感。

有趣的是,我们也都曾在求学阶段被评为"差生"。据陈钱林校长介绍,由于出身农村,他普通话不标准,读过的课外书少,体育、艺术、演讲更是从未涉足。在注重技能评价的师范学校,这无疑成了他的短板,因而入学之初,陈钱林瞬间从"优生"沦为"差生",内心的失落不言而喻。而我呢,前文提及过,小学时的一次误会致使我被老师归入"差生"行列,从此自暴自弃了许久。在分享各自这段"黑历史"时,我和陈钱林校长这两位昔日的"差生"相视而笑,惺惺相惜之情瞬间满溢。

相同的过往塑造出了相近的执教风格。最为明显的是,我和陈钱林校长都不会将学生区分为"好生"和"差生",都反对以单一标准来衡量学生。

当然,陈钱林校长终归是我的师长,思考得比我更深入、更透彻。当我还在凭借经验和直觉摸索教育改革方法之时,1994年,他就遍阅名家名著,并结合实践,着手进行理论创新。2001年调任安阳实验小学校长之时,陈钱林校长已然形成了相对成熟且具备可操作性的教育理念。可见,他是有备而来,将这里视作"试验田",准备大显身手。

上任伊始,陈钱林校长便掀起了一阵"教改旋风"。他竟然敢冒天下之大不韪,公然提出要打破"师道尊严"。

众所周知,中国自古以来便尊师重教,"师道尊严"这四个字犹如金科玉律,深深印在广大教师的心中。陈钱林校长却指出,这其实是一种"教师中心主义",将学生置于不平等的位置,使之成为被动接受知识的容器、无条件执行指令的工具,从而抹杀了学生的主体性,导致教育呈现出单调僵化、千人一面的现象。

陈钱林校长要求教师走下"神坛",放低姿态,倾听学生的意见和建议,与学生协商、探讨,营造出民主、平等的氛围。总之,要将以教师为中心转变为以学生为中心。

想法固然美好,但真正落实起来却困难重重。这不,"拔萝卜事件"就发生了。一天中午放学回家途中,三年级的罗同学看到路旁有几垄萝卜地,顺手拔了一棵萝卜秧子,发现只有乒乓球大小。随后,他又在远离马路的地方拔了一棵,这次大了一些。在好奇心的驱使下,罗同学拔了一棵又一棵,进行观察对比。等到农民伯伯赶到时,一垄地的萝卜已全部被毁。农民伯伯气愤不已,拎着罗同学前来告状。班主任刘老师听闻后也十分生气,认为罗同学太过调皮,罚他不许回家吃午饭。

依照传统观点,罗同学损害他人财物,理应受到惩罚,刘老师的处理方式似乎并无不妥。但陈钱林校长指出,教师应当看得更深入、想得更周全。罗同学仅仅是调皮吗?并非如此,拔萝卜的背后是他对萝卜的生长过程感兴趣,想要探究,只是方法不当。刘老师批评过后,应当及时呵护罗同学的兴趣,引导他采用恰当的方法进行研究。

"拔萝卜事件"虽是一个微小的事例,却生动地表明,观念的转变注定是漫长且艰难的。平心而论,一线教师或多或少都察觉到了传统教育模式的弊端,论及改革的意愿,教师们皆有此心,然而对于该朝哪个方向前进,具体又该如何操作,大家却又感到茫然无措。"教改旋风"在令人振奋的同时,也让许多人发出了"跟不上节奏"的慨叹。

要想改变行动,必须先转变观念。陈钱林校长深切认识到,很有必要运用理论武器助力教师树立先进的教育理念,以此走出教育误区,引领其走上正确的道路。鉴于此,他牵头组建了安阳实验小学"尊重教育"研究课题组。自此,日后誉满教育界的"尊重教育"理念开始浮出水面。

第五节
迈向新阶段：
调集精兵构筑"尊重教育"新理念

陈钱林校长牵头组建的"尊重教育"研究课题组，汇聚了众多精兵强将。

陈钱林校长亲自担任课题组组长，并将时任安阳实验小学的党支部书记阮爱华、副校长徐彬与郑崇涛、校办主任周其、教科室主任林宝国、教务处主任彭永帆等人紧密团结在身边。时任政教处主任的我，也有幸承蒙他的亲自点将，得以加入课题组。

陈钱林校长还十分注重"外脑"的作用，特别邀请了中国人民大学的俞国良教授、中央教育科学研究所原教育心理研究室的李树珍教授、北京师范大学的罗晓璐博士等作为课题指导；中央教育科学研究所原教育心理研究室的金东贤、曾盼盼以及北京师范大学的博士生王永丽、周雪梅等负责整理并分析数据。正因如此，课题组的研究更具科学性与针对性。

正是在内外的双重合力之下，课题组融合古今中外的各类教育理念，并对安阳实验小学的教学经验进行提炼、总结，而后将其理论化、系统化，最终从本质、原则、目标和方法四个维度成功构筑起"尊重教育"的新理念。

一、"尊重教育"的本质："主体"是关键

既然名为"尊重教育"，顾名思义，其核心自然是"尊重"。那么，究竟什么是尊重呢？它指的是尊重人的尊严、尊重人的基本权利和责任、尊重人的价值，以及尊重人在自我发展中的主体地位。其中，"主体"一词乃是关键所在。在日常交往中，唯有交往的双方互为平等主体，交往方能成立，沟通才得以进行。

教育亦是如此。教育者应当对受教育者给予充分的尊重，以树立受教育者自尊、自爱、自信的心态，推动其自我教育和健康成长。因此，"尊重教育"实则是一种主体教育，它要求教师与学生保持相互平等、相互尊重的关系。

在中国的传统文化中,学生对教师的确是极为尊重的,但唯独缺失了教师尊重学生这一环节。这是由于传统意义上的尊重往往是向上的,比如尊师重教,强调教师承担着传道、授业、解惑的重大责任,因此单方面要求学生予以尊重,甚至要言听计从,不许有任何异议。这实际上是磨灭了学生的主体性。而"尊重教育"则要求师生互为主体,平等交往,这一理念彻底颠覆了"教师中心主义"的合理性。

二、"尊重教育"的原则:杜绝教师的"爹味"

所谓纲举目张,厘清了"尊重教育"的本质之后,课题组进而提出了"尊重教育"的五项原则。

第一,尊重学生主体。"尊重教育"是一种主体教育,体现了学生的主体地位,故而应当将学生作为学习实践的主体来加以培养,即培养学生的自主性、能动性和创造性,促使学生实现主动发展。

第二,尊重学生全体。学生是主体,教师尊重每一位学生,也就是尊重学生全体。教师要毫无条件地尊重所有学生,尊重他们作为班级一员的基本权利。

第三,尊重学生权利。学生是独立的个体,也是权利主体,他们并非家长或教师的附属物,其人格尊严受到法律法规的保护。全社会都应当尊重学生的权利,教师更应以身作则,尊重学生的生存权、发展权以及其他各项权利。

第四,尊重学生人格。既然师生关系是平等的,那么教师就不能凭借强势地位压制学生,不能居高临下地训斥学生,更不能歧视、侮辱学生。

第五,尊重学生心灵。对心灵的尊重是最大的尊重,对于学生的兴趣爱好、情感情绪、志向抱负、选择和判断……教师都应当予以尊重。教师要善于倾听学生的心声,信任学生、理解学生、接纳学生,总之,要坚决杜绝令当下年轻人极为厌恶的"爹味"。

三、"尊重教育"的目标:真、善、美、乐

以本质为基础、原则为准则,课题组确立了尊重教育的基本目标:真、善、美、乐。具体来说,就是学习求真、做人求善、言行求美以及性格求乐。后来,"真善美乐"成了安阳实验小学的校训,一批又一批的师生一直奉行至今。

这一目标的提出,是经过深思熟虑和深入研讨的。学习的目的在于求得真知、

认识真理,这需要秉持认真的态度。因而"学习求真"乃是题中应有之义。但仅仅片面强调知识是远远不够的,甚至倘若品行不端,知识还可能成为作恶的工具。唯有"做人求善",才能将知识运用在正道上,为社会做出贡献。美是善的孪生姐妹,孔子对人、事、物的要求是既"尽善"又"尽美",古希腊哲学家苏格拉底也主张"美与善相统一"。课题组期望学生的言行都能够"美起来"。

真善美俱全,为何还要单独列出"乐"呢?这是从促进学生心理健康的角度出发进行考量的。我们认为,通过心理教育让学生学会自我心理保健,掌握避免和消除心理健康问题的原则与方法,将有益于其应对挫折,保持乐观、稳定的积极心态。"尊重教育"的理念构建于二十多年前,能如此重视学生的心理健康问题,足见课题组富有先见之明。

四、"尊重教育"的方法:赏识、期望、引导

厘清了本质,阐释透了原则,树立起了目标,接下来就该步入方法论层面,为教育工作者提供切实可行的操作工具。课题组为此提炼出了赏识、期望、引导这三大方法。

赏识,指的是通过表扬和赞誉来调动人的积极性。它以人性为根基,在教育者与被教育者相互激发与激励的状态下开展教育。当然,赏识并非毫无缘由地点赞、毫无根据地夸奖,而是在尊重学生个性、承认资质差异的前提下,对学生闪光点的发现与肯定,让学生受到鼓舞、增强自信,以愉悦的心情投入成长过程中。

期望,即对人的期待和希望。人在接受教育的过程中,会受到他人的肯定、关怀、信任、期待等积极因素的影响,从而产生与他人要求相一致的行为,这便是"皮格马利翁效应"。借助这一效应,教师能够助力学生确立学习的内驱力,保持朝气蓬勃的精神状态,积极投入学习与生活之中。

引导,即依据学生的个性特点,协助学生制定符合实际的发展规划,推动学生尽早达成目标。在这一过程中,教师要在行为上对学生进行培养和训练,及时进行分析、评判、纠偏,使其言行一致,从低层次目标向高层次目标演进。

至此,"尊重教育"的新理念构建完毕,崭露头角。这标志着安阳实验小学的教育实践踏入了新的阶段。

第二章
学生才是课堂真正的主人
——从课堂改革开始

自吹响"改革号角"的那一刻起，我们便深刻认识到，以"尊重教育"为核心理念的教育改革之路，虽然充满了挑战与艰辛，但却是一条值得我们坚定不移走下去的道路。因此，我们将课堂作为改革的前沿阵地，并以语文、数学、科学、英语等学科为突破口，力求从根本上改变传统教学模式下的弊端。

我们反对盲人摸象，遵循儿童天性，力求把课堂还给学生，让教育回归生活，护持孩童探索大千世界的天性，用趣味情境带领学生遨游于学习的天地。我们也努力营造开放包容的学习环境，在这里每个孩子都能够自由地表达自己的观点，并得到教师及同伴的认可和支持。

第一节
吹响"改革号角"：
从课堂入手推进"尊重教育"

"哲学家们只是用不同的方式解释世界,而问题在于改变世界。"自从我进入"尊重教育"研究课题组的那一刻起,马克思的这句名言便一直在我脑海中萦绕。通过不懈努力,课题组从本质、原则、目标和方法四个维度成功构筑起了"尊重教育"的新理念。理念愈发清晰,我内心的激情也愈发澎湃:是时候去改变了!

然而,传统的教育模式犹如一个庞然大物,尽管我们手中握着"尊重教育"这把锐利的武器,却尚未投入实战。那么,这刀刃究竟应该朝哪里切入呢?

陈钱林校长提议,可以先从课堂改革着手,让课堂教学成为实践"尊重教育"理念的主要渠道。这一建议获得了课题组全体成员的认同。大家都是长期沉浸于一线课堂的教育工作者,深知课堂是教师的首要战场,任何教育新理念都必须接受课堂的锤炼。

那么,当前的课堂教学面临着怎样的困境呢?通过大量的课堂观察和深入考察,课题组将其归结为一句话:课堂依旧是那个课堂。课堂的形态没有丝毫改变的迹象,每天都在重复着昨天的故事。

这是什么意思呢? 从 20 世纪 90 年代开始,我国大力推动教育改革,其中,"素质教育"作为主打概念被明确提出并大力推广。进入 21 世纪,全国各地的中小学都在热火朝天地推进素质教育,场面一度极为热闹。一些学校的素质教育公开课开展得有声有色,吸引了更多学校纷纷效仿。

但内行人心里清楚,实际效果往往并不尽如人意。课题组发现,即便教师能够依据教改精神,认真备课、精心设计,教学方式却依旧是老一套,也就是"教师问—学生答—教师再总结"的三段式教学。

这显然与素质教育的预期存在一定距离,也难以获得学生和家长的认可。

课题组曾经针对瑞安市的 15 所学校共计 60 个班级进行了问卷调查,问卷内容涵盖了学生对学科学习的兴趣、课堂学习方式、课程学习内容这三个方面。结果表明,从学习兴趣来看,在小学阶段的九门学科中,喜欢语文、数学这两门主课的学生占比偏低。其中,仅有22.2%的受访者将语文和数学列为最喜欢的课程,27.8%的受访者表示喜爱程度一般,高达50%的受访者把这两门学科排在九门学科喜爱度的末尾,实际上就是"不喜欢"的意思。

如果与另外两组数据相比较,就更具意味了。据统计,喜欢自主探究式活动的学生占57.58%,喜欢教师对话式教学的学生占42.42%,说明绝大部分学生不喜欢灌输式、填鸭式教学。同时,68.42%的学生喜欢自主选择学习内容,27%的学生喜欢教师插入拓展资料,仅有4.58%的学生喜欢单一的课本内容。

数据分析结果揭示出了一个残酷的真相:并非学生不喜欢语文和数学,而是他们不喜欢语文"课"、数学"课"!问题出在"课"上,这让主课教师们颇为尴尬!

但"真正的勇士敢于直面惨淡的人生"。实际上,作为一名奋战在一线教学岗位的语文教师,我一直认为传统的语文教学方式"满是槽点"。

首先,教材编排的知识点过于繁杂,重点缺失,有的知识点甚至陈旧过时,与时代脱节。其次,教学方式极为单一、枯燥,以师定教、以书定教的现象十分突出。在这种情况下,教师习惯于依照课程大纲、教材照本宣科。学生呢,表面上坐得端端正正,认真聆听并做笔记,实则兴趣缺缺。别看身体在课堂上,心思恐怕早已飘到了九霄云外。长此以往,学生怎能不心生厌倦呢?

反过来讲,教师也是满心委屈:我明明是按照标准来做的呀,从传统的角度来看,我无疑是个好老师。我的确目睹过一些语文教师,备课兢兢业业,上课苦口婆心,课后还追着学生补习知识,可以说是尽心竭力,甚至称得上呕心沥血。可学生就是不爱听、不买账,正所谓"言者谆谆,听者藐藐",最终演变成了"老师教得累,学生学得厌"的恶性循环。

显然,课堂教与学的主要矛盾直接指向了教师的教学方式。说到底,如果不从根本上改变这种"教师中心主义"的教学方式,不彻底扭转教师的观念,杜绝"爹味",那么,课堂将永远是那个一成不变的课堂。即便我们把"尊重教育"的理念打造得再宏大、再精致,只要不落实到日常教学当中,它就依然是"屠龙之术"。

在反复研讨和论证之后,课题组达成了共识——"尊重教育"理念的"第一枪",必须在课堂上打响。

　　我们要做的,是塑造学生在课堂上的主体地位。学生才是课堂的主人,教师应该主动打破"教师问—学生答—教师再总结"这种刻板的三段式,将课堂归还给学生。我们坚信,通过深刻的课堂改革,将逐步唤醒学生的学习自觉性、激发学生的学习潜能,进而使学生具备在教师引导下自主学习的能力。

第二节
反对"盲人摸象"：把语文课堂还给学生

语文课是主课，而且我又是语文教师出身，所以在课堂改革的进程中，我对语文课的变化尤为关注，也为此进行了一些思考和实践。

传统的语文教学存在哪些短板？我想，每一位经历过学生时代的成年人都能列举出诸多"槽点"，像是课文缺乏趣味、教师授课枯燥、考试过度咬文嚼字等。在此，我站在教师的视角，谈一谈自己的观察与感受。

首先，我想说，教师在主观上都期望把课讲好，但确实会受到一些客观因素的限制。

语文教师拿到课文时，会发现其中涵盖了众多的教学内容，例如生字词语、课文朗读、段落大意、情感表达、写作风格……每一项似乎都极为重要，只能面面俱到地慢慢教授。这种做法从表面上看是把内容都教全了，实际上却将课文切割成了毫无关联的碎片，破坏了文本的整体性。学生对课文的理解也因此变得支离破碎，陷入了"盲人摸象"的状态。

上海师范大学中文系教授郑桂华曾在《凸显文本的语文核心价值——有效教学设计的前提之一》一文中指出："在一节课或一个教学设计的单位时间里，我们不可能涉及一篇课文中所有含有教学价值的信息，甚至对许多重要的价值，也只能有所选择，有所舍弃。"[1]我对这段话的理解是，入选语文课本的多为经典之作，文本蕴含着多重价值，在有限的授课时间里讲完并让学生透彻理解是不现实的。郑桂华教授的建议非常明确：不要贪多求全、不分主次，而要懂得取舍，突出文本的核心价值。

但是，问题关键在于由谁来进行取舍。

按照传统的观念，既然从教案设计到现场教学，再到作业评分都由教师负责，

---

① 郑桂华.凸显文本的语文核心价值：有效教学设计的前提之一[J].中学语文教学,2008(3)：27－29.

那么教师自然就是主导者。但"尊重教育"理念恰恰极力打破"教师中心主义",尊重学生的主体性,将课堂交还给学生。落实到语文教学中,意味着把文本交还给学生。这并非让教师退出课堂,而是要转变角色——从主导者转变为启发者、引导者、倾听者。这实际上对教师的素质提出了更高的要求。

那么安阳实验小学是如何实践的呢?下面以学习《金钱的魔力》一文为例加以说明。

《金钱的魔力》是原人教版五年级下册人物描写单元的一篇课文,节选自美国作家马克·吐温的短篇小说《百万英镑》,讲述了一个穷困潦倒的美国人,因持一张无法换开的百万英镑大钞而被人恭维吹捧,最终成为百万富翁的离奇故事。

在进行教案设计时,我们摒弃了"概括段落大意,总结中心思想"的传统模式,探索出了"精读内容—聚焦写法—想象写话—推荐阅读"的四步走策略。

第一步,精读内容:专门留出时间,让学生对《金钱的魔力》进行整体性阅读,读熟、读精,甚至达到"肌肉记忆"的程度。

第二步,聚焦写法:引导学生聚焦两个人物——店员托德和老板,品读并讨论托德的两次笑,以及对老板将近600字的语言描写的作用。

第三步,想象写话:启发学生进行换位思考,把自己想象成主人公,穿着破旧衣裳到小饭店吃饭,然后拿出百万大钞结账。记录下可能会发生的有趣之事。

第四步,推荐阅读:引导学生深入了解作者的写作风格,推荐他们阅读原著《百万英镑》,以及马克·吐温的其他作品。

在整个过程中,教师不会单独拆解字、词、句,不会纠结于某个段落,更不会给出所谓的标准答案。我们给予学生充分的信任、完全放手,让他们自主阅读、自由讨论、自行领悟。结果令人惊喜。赋予学生主导权后,课堂的活跃度显著提升,那种"教师点名"或者"尖子生举手"的沉闷局面得到了扭转。而当每一位学生都敢于积极参与、乐于开拓思维时,课堂氛围也就变得生动鲜活起来了。

时至今日,我可以满怀自信地说,在安阳实验小学,枯燥的语文课已不复存在。

或许有人会担心,任由学生自由发挥,不是会存在脱离教学大纲、自说自话的风险吗?这其实是多虑了。就拿学习《金钱的魔力》一文来说,通过文本细读和深入讨论,学生逐步领会了马克·吐温是运用幽默夸张的手法来讽刺拜金主义,进而对于如何证明自身价值、有尊严地生活有了更为深入的思考。值得一提的是,由于这是经过学生整体阅读、自我探索以及集体智慧汇集所得到的答案,可比教师直接给出答案的效果要好得多。

教授《金钱的魔力》一课只是一个小小的例子,但它的成功给了我们极大的信心。安阳实验小学的教师们坚信选择的道路是正确的,"尊重教育"理念的前景是广阔的。

第三节
遵循"儿童天性"：让数学回归生活世界

我们这一代人对于数学的认知,很大程度上是由陈景润所塑造的。

二十世纪八九十年代,著名作家徐迟的报告文学《哥德巴赫猜想》风靡整个神州大地。该文章以数学家陈景润为主人公,生动刻画了他耗尽心血、克服重重阻力,钻研"数学皇冠上的明珠"——哥德巴赫猜想的波澜壮阔的一生。犹记得当时年轻气盛的我,读得热血沸腾,在敬仰陈景润的同时,也对数学产生了炽热的向往。

只可惜,自己并非那块料,在整个求学的生涯中,我的数学成绩不孚众望。但数学依然能够给我带来快乐。在我的心目中,数学代表着知识与真理,一个热爱数学,沉醉于求知、求真之人,是无比幸福的。

然而,当走上教师岗位,尤其是担任班主任之后,现实常常打破我的"三观"。我发现,对一些学生来说,学数学不仅不快乐,数学对他们来说,甚至像洪水猛兽。我用陈景润的故事来激励他们,确实能够激发出他们的一些斗志,但通常难以持久。

不过,我始终坚信,问题并非出在学科本身,而是在于教学方法上。于是借着课堂改革的契机,我组织数学教师们反复进行研讨,探寻问题的症结所在,进而对症下药。

其一,教材过分强调逻辑性。

数学本就是一门锻炼人的理性能力的学科,注重逻辑难道有错吗？这其实是没有考虑到儿童的天性。瑞士儿童心理学家让·皮亚杰指出,儿童的思维具有直觉性、非逻辑性,并且有着明显的自我中心特征,因此,"成人试图将自己的理解迅速告知儿童是徒劳的"。网络上流传着大量家长在指导孩子做作业时抓狂的视频,追根溯源,就是这些家长不明白这个道理,试图把成年人的解题方法强加给孩子,其结果自然是孩子屡教不会,家长自己的心态也随之崩溃。

清华大学附属小学的高级教师汤卫红在《整合：回归儿童生活实践的数学世界》[1]一文中提出，对于儿童而言，数学本应是美好的花园、智慧的乐园，一旦将其公理化，变成抽象的知识体系，会把不少儿童推进"冰冷的地窖""痛苦的深渊"。汤卫红老师将此称为"教学法的颠倒"，我们对此深表认同。

我们需要做的，是将颠倒的重新翻转过来。为此，数学教师们付出了巨大的心力去重新整合教材。他们最大限度地对教学内容进行优化、简化，依据学科知识的特点与儿童的认知特点，科学地重组教材，去掉那些烦琐的目标，以唤醒学生已有的经验和尝试的勇气为宗旨，让学生体会到数学的趣味、数学的美。

其二，教学内容与生活脱节，缺乏实践性。

关于这一点的批评其实存在已久。例如在小学数学课程中，"鸡兔同笼"是一道经典题，旨在通过计算鸡和兔子的数量与腿的总数之间的关系，来培养学生的逻辑思维和解决问题的能力。然而，资深教育家、清华大学教授王文湛多次对此表示质疑。他认为，这类题目与真实的生活场景存在距离，特别是城市的孩子从未见过"鸡兔同笼"，难以理解其实际意义和应用价值。

王文湛教授的质疑一度引发了争议，但我们觉得自有其道理。美国哲学家、教育家杜威曾因对传统教育脱离实际生活、脱离儿童经验的倾向极为不满，转而提出"教育即生活""教育即经验"的主张。

秉持这种精神，在重组教材的过程中，数学教师们进行了大胆的调整。比如，三年级的"两步应用题"一课，练习与习题不符合城市儿童的生活经验，于是教师们就进行了置换。置换后核心内容不变，但由于更贴近现实生活，教学效果好了许多。

教师们还鼓励学生走出去，到市场上去了解如何用统计表处理变化的商品价格，尝试利用学过的图形来设计商标图案。这类实践活动，让学生有机会将课堂上学到的数学知识应用于生活之中，活学活用，使知识不再是"死"的。

我经常举的一个例子，是李欣婷同学在学完"合理安排时间"一课后，将数学里的统筹方法付诸实践。原先，她每天早上会给自己做一碗鸡蛋面，耗时 13 分钟，她感觉耗时过长，就运用统筹的方法进行优化，将时间缩短至 8 分钟。这节省下来

① 汤卫红.整合：回归儿童生活实践的数学世界[J].小学数学教师,2017(6)：14－19.

的 5 分钟,她用来读英语或者进行短暂休息。

李欣婷同学还制作了一张表格(如表 2－1),把优化的过程和结果清晰地呈现出来:

表 2－1　时 间 统 筹 表

方　法	步　骤	时间(分)
普通方法	1. 准备碗筷(2 分) 2. 煎鸡蛋(3 分) 3. 烧水(3 分) 4. 煮面(5 分)	13
统筹方法	1. 烧水和煎鸡蛋同时进行(3 分) 2. 煮面时同时准备碗筷(5 分)	8

李欣婷同学的例子告诉我们,当教育者遵循儿童天性,让数学回归生活,使所学和所用无缝对接,学生就会有积极性,会主动发挥聪明才智。"尊重教育"理念把课堂还给学生,让学生成为学习的主人也就顺理成章地实现了。

第四节
探究"大千世界"：护持孩童的科学纯真

我时常说，每一个孩子皆是"科学小天使"。他们睁着大大的眼睛，审视着这广袤的世界，渴望探寻事物背后的规律：蚂蚁缘何搬家？雨后为何会出现彩虹？人从何处而来？时间是否有起点与终点？宇宙的尽头究竟是什么？

这种纯粹的好奇心便是童真。许多大科学家直至暮年仍葆有童真，童心未泯。这便是他们一生在科研领域不懈探索的内在驱动力。

令人遗憾的是，在人的成长过程中，童真会逐渐丢失。随着心智趋向成熟，人们眼中的光芒反倒变得黯淡了。我想，教育部之所以将培育科学素养纳入基础教育阶段，除了秉持"科学从娃娃抓起"的理念，也是期望延长童真的保鲜期，让更多的孩子怀有对科学的向往之情。在这种理念的指引下，全国各地的中小学纷纷设置了科学课。

然而，其效果恐怕难以让人满意。

早在 2013 年，中国青少年研究中心就启动了关于中小学生科学兴趣与素养的研究，结果表明，中小学生对科学的兴趣随着年级的升高而降低。学校普遍轻视科学课，戏称其为"副课中的副课"，科学课教师也被视为"教不了语文、数学的老师"。最终，课程虽有设置，但一学期上不了几节，如同鸡肋一般。

我或许有些与众不同。从班主任到政教主任，再到副校长、校长，不管担任何职，我都坚定不移地重视科学课。我始终坚信，一门课程不受欢迎，必然是课堂教学存在问题。

为此，我多次与科学教师深入学生群体，倾听他们的意见与建议。我们收集了学生反映最为集中的一系列问题，包括：

教师单方面讲授，学生看得多、做得少；

科学实验缺乏思维含量，重复率高；

热衷于探究已知的常识，而非未知的结果；

课外体验与实践少,去科技场馆的次数少,参加课外科技小组的机会少;

课后研究未能落实,后续研究需求无法得到满足。

……

由此可见,科学课遭遇了与语数外等主课类似的困境——教师是课堂的绝对主导者,学生只能被动地听讲、操作,而非主动地观察、探究。更为关键的是,课堂局限在封闭的教室中,学生极易丧失兴趣。

科学课堂改革已迫在眉睫。我们重点做了两件事:其一,将主动权交还给学生,让学生决定学习的内容;其二,打破时空的限制,将课堂从教室转移到校园。

专为一年级学生量身打造的"打卡蜗牛"课,就这样应运而生了。

原来,教材要求学生观察小动物,至于具体是何种小动物,科学课教师朱启跑让学生自行选择。大多数学生将蜗牛作为观察对象,并提出了一系列问题,比如"蜗牛的黏液是如何产生的?""蜗牛的壳破了,还会重新长出来吗?""怎样给蜗牛搭建一个家?"……朱启跑老师建议学生依据兴趣点,进行分组研究。学生们有的研究蜗牛的养殖,有的研究蜗牛的身体结构,有的研究蜗牛的繁殖。课堂不再局限于教室,校园、家庭、社区、田野,广阔天地任由他们驰骋。作业的形式也不拘一格。

一段时间过后,学生们交出了各自的研究成果——有完整的实验数据分析,有原创的精美绘本,有可爱小巧的"建筑作品",甚至还有自编自导的情景剧。家长们纷纷慨叹:一年级孩子的主动性和创造力令人刮目相看!

"打卡蜗牛"课的成功让我们找到了上好科学课的路径。这也是实践"尊重教育"理念所带来的又一项成果。岁月流转,科学课也在不断升级与迭代。

我们在学校中建立了昆虫馆、百草园、萌宠馆、水资源展览馆,打破不同学科之间的壁垒,进行课程融合,推进项目化学习。在如今的安阳实验小学,科学课早已成为一门跨学科的综合课程,深受孩子们的喜爱。当然,这些皆为后话。

回望初心,我们并非期望将孩子们培育成科学家。我们只是想要护持孩子们的童真,保留他们对世间万物的好奇心,培育他们的想象力。

每当我看到孩子们在百草园里种植和观察植物,在萌宠馆里喂兔子、逗小猫,我就会想起美国物理学家理查德·费曼。在父亲的引导与培养下,费曼自幼便对大自然充满兴趣。在普林斯顿大学读书时,别的同学埋头苦读,他却在校园里闲逛,拿着放大镜观察常青藤上的蚂蚁,还设计实验,研究蚂蚁的各种行为。这些研究与费曼倾尽一生心血钻研的理论物理学毫无关联,但是,他最终能荣获诺贝尔物理学奖,与他拥有的这份童真以及坚持不懈探索的精神是密不可分的。

或许在某一天,从安阳实验小学的科学课上,也会走出一位位"费曼",造福国家、造福人类呢?

第五节
创设"趣味情境"：让孩子告别"哑巴"英语

中国人在学习英语的过程中，最大的痛点是什么？相信许多人会毫不犹豫地回答："哑巴"英语。尽管我们花费了大量的时间和精力去背单词、学语法、做练习，但一旦需要开口交流时，却依旧感到力不从心。

我有一位朋友，年轻时学习广播英语、电视英语，整天背单词、范文，学语法，做习题，还经常光顾英语角锻炼口语。然而，当他刚出国时，连问路都难以启齿，过了很久才克服心理障碍，用"蹦单词"的方式与人交流。后来他反思说，在国内缺乏实际的语言情境是造成"开口难"的主要原因。

实际上，教育界早已意识到了这一点。近年来推行的《义务教育英语课程标准（2022 年版）》特别强调"情境"的重要性，要求英语教师尽可能在课堂教学中创设各种情境。北京、上海的一些学校甚至聘请了外教，为学生营造原汁原味的语言环境。如今，情境创设已经是小学英语教学中的常用手段，它有助于激发学生的学习兴趣，引导学生从整体上理解和运用语言。比起那种只依靠默写单词、背诵课文和大量做题的传统教学模式，这无疑是一个巨大的进步。

然而，我们也发现了一些问题，比如情境创设缺乏真实性，过分依赖课件，过于追求形式化等。现实中，许多情境看似热闹，实则严重脱离真实生活，学生从特定情境出来后，仍然无法用英语顺畅地交流。这与情境教学的初衷显然是相悖的。深究其原因，根本在于教师太过强势，习惯从自身主观意图出发，创设自认为符合学生需求的情境，但效果却适得其反。破解这一问题的关键还是那句话：把课堂还给学生，让孩子成为课堂的主人。所谓大道至简，"尊重教育"理念的基本原则就是如此简单，关键在于如何落实，以及能否坚持。

基于此，我们提出了"趣味情境"的概念。陶行知先生曾说过："教学艺术就在于设法引起学生的兴味，有了兴味就肯用全副的精力去做事情。"从这个角度来说，把课堂还给学生，实质是把兴趣还给学生。当他们顺着自己的兴趣去探索，自然而然地就会成为课堂的主人。"趣味情境"要求教师在创设情境时,充分考虑小学生的年龄和心理特征,兼具多样性和趣味性,重点突出童趣,这样学生才能乐于参与和体验。

在这一思路的指导下,安阳实验小学的英语教师们设计了许多富有趣味的情境,将小学生好动、好模仿、好胜心强、表演欲望较强的天性全都激发了出来。例如,赵文婷老师在为英语三年级上册第四单元 *Let's learn* 创设情境时,想到孩子们喜欢漫画和绘本,于是她将动画元素引入课堂,以单元话题为主线,单元语篇为载体,通过画面辅助,遵循整体语言教学原则,提升了学生的语言综合运用能力,得到了师生们的一致好评。

家是孩子最熟悉、最亲切的地方。因此,在为英语四年级上册第四单元 *My home* 设计情境时,教师引导学生通过对生活场景的观察、描述、比较和分析,感受家的特点,激发他们的思维和创造力。孩子们绘制着或天马行空、构思奇特,或温馨舒适、平实质朴的家时,"East or west, home is best."的句子随之深植脑海,无法抹去。

英语五年级上册第四单元的主题是文娱活动,这本身就是学生们乐于讨论和学习的话题。任课教师对教学内容进行了整合和丰富,以该单元核心词句"What can you do for the party? Can you …?"为语言支架,用"如何策划一场英语派对"这一驱动性问题展开学习。学生们在任务的驱动下,通过调查问卷、制作节目单、筹备节目、举行派对等活动,逐步了解并参与派对的筹办过程,直至成功举办派对。整个过程妙趣横生,堪称快乐教育的典范。

以上只是几个有代表性的案例。在实际教学中,教师和学生借助绘本、卡片、歌曲、短视频乃至 AI 技术,一起创设了多种多样的趣味情境,营造了一种"不是出国胜似出国"的语言情境。我们可以自豪地说,在安阳实验小学,没有"哑巴"英语的容身之地。

随着对"尊重教育"理念实践的不断深入,安阳实验小学的英语教学也越来越勇于突破,项目化学习、跨学科融合等纷纷提上议事日程。这一切的宗旨,都是以问题导向为驱动,以兴趣指引为抓手,引导学生主动思考、主动探究、深度学习,从而迸发出绵延持久的创造力和创新能力。

第三章

做不做作业? 孩子自主决定!
——作业改革石破天惊

作业可以说是横亘在教育改革者面前的"拦路虎",只要作业问题不解决,任何改革措施都有沦为"走过场"的危险。"尊重教育"理念要落到实处,就必须攻克作业这道难关。

在瑞安市安阳实验小学"教研天团"的努力下,我们摸索出了解放作业束缚的方法——自主作业。经过作业改革,孩子们的学业负担减轻了,国家的"双减"政策得以落实。我们更以自主作业为杠杆,撬动自主学习的热潮,进而用作业联结素养,一面"减下来",一面"提上去",以作业改革连锁带动了课堂、课程形态的变化,并联结了生活与学习、学校与社会、课内与课外。

从此,学生们走向自主体验、探究真实生活的生命之旅。

第一节
解开束缚的绳索：
给孩子一双飞越泥沼的翅膀

媒体曾报道过这样一则新闻：某地一名初二女生，赶作业赶到凌晨 3 点，终于完成后，她喜极而泣地说道："我太开心了！"这则新闻发布后引发了全网的热议，人们纷纷慨叹学生作业过于繁重，小孩子实在不易。作为教育工作者，看到这篇报道，我内心五味杂陈，既有忧虑，也有庆幸。

忧虑之处在于，教师布置作业，旨在让学生通过动手实践，将课堂上学到的内容转化为自身的素养。换言之，做作业的本意是温习和巩固知识。孔子曾言："学而时习之，不亦说乎？"这本应是件愉悦之事，却不料竟成为孩子难以承受之重，几乎到了"谈作业就色变"的程度。近年来，学生因做作业而崩溃的情景屡见不鲜，因完不成作业而轻生的极端事件也有所耳闻。

庆幸之处在于，这样的情景不太可能在安阳实验小学出现。因为我们大力推行的作业改革，已从根本上解决了这一问题。

早在进行课堂改革之时，我们就意识到，仅仅从单个维度入手进行教育改革是远远不够的——倘若没有配套举措，改革很快便会遭遇瓶颈。果不其然，课堂改革虽说把课堂交还给了学生，让学生成了课堂的主人，但这仅仅解放了学生的双手，学生的双脚依旧被作业紧紧捆绑着。显然，这样的解放是不完整的，更是难以长久的。

同样地，作业这根绳索对教师也形成了束缚。教师不仅要设计作业、布置作业，还要监督学生写作业，更得批改作业、讲解作业，简直陷入了作业的恶性循环之中。如此日复一日地持续"内耗"，教师又能留有多少精力投入课堂改革当中呢？

由此，我们达成了共识：不进行作业改革，课堂改革就无法向纵深推进，真正意义上的"质变"也难以发生。必须解开这根绳索，为师生解绑！

接下来的问题是：究竟该如何改革？陈钱林校长提出了一个大胆的构想——

自主作业。具体来讲就是，做不做作业、做多少作业以及作业的内容，都交由学生来设计和规划。这并非一时的心血来潮，而是源自陈钱林校长在家庭教育中大胆尝试所总结出的经验。

熟悉陈钱林校长的人都知晓，他有一个数学家儿子陈杲。其实，刚上小学时，陈杲的数学成绩并不出众，甚至可以说是有些落后：全班数学平均分90多分，陈杲却只考了80多分。老师认为这样不行，陈钱林校长却笑了笑，表示要多给孩子一些时间。后来，他干脆与老师商量，让陈杲自主决定作业量。

老师虽表面同意，心里却并不看好。然而，神奇的事情发生了。陈杲自此仿佛换了个人，数学成绩突飞猛进，一发不可收拾。他14岁考入中国科学技术大学少年班，18岁赴美国读博，24岁成为美国威斯康星大学麦迪逊分校的博士生导师，26岁回国被中国科学技术大学聘为特任教授……自主作业犹如一小点火星，点燃了陈杲的数学之光。

许多人觉得陈杲只是个例，不具备普遍性。我并不否认他有天赋，但倘若不是陈钱林校长最初的坚持，这位数学天才的灵性是否会被题海战术磨灭呢？从这个角度来说，自主作业如同一双翅膀，带着陈杲飞越了应试教育的泥沼。

而我认为，所有孩子都应当拥有这样一双美丽的翅膀。

2011年我出任瑞安市虹桥路小学校长，开始借助行政力量推动自主作业。实施一段时间后成效良好，我又进行了大量的问卷调查，并向教育专家、家长、教师、学生等征求意见，推出了"周二无作业日"。这在瑞安市教育界属于首创。

我永远铭记十多年前的那个下午——2013年3月26日16时15分，第三节课结束后，教师当场宣布："同学们，今天是我们学校第一个'无作业日'，今天老师不再布置书面作业了！"学生们欢呼雀跃。

当时，《瑞安日报》对此进行了报道。我向记者阐述了自己的主张："推行'无作业日'的初衷是转变教师的教学理念，要在课堂上下功夫，提高课堂效率，尽量为学生的健康成长和个性发展留出空间。"

调任安阳实验小学校长后，自主作业自然也随我"回娘家"了。在那里，自主作业愈发成熟、完善，最终在全体教师的共同努力下，学校构建起了一套以"全自主、半自主、待自主、加自主"为核心的"四自"体系。

全自主：适用于学习能力极强或较弱的两极学生，由他们自行设计更符合自身实际情况的作业,助力自我成长。

半自主:适合成绩处于中游的学生,他们可以从教师布置的作业中选择一部分完成,其余部分自行设计。

待自主:适合学习成绩相对较弱的学生,可严格按照教师布置的作业执行。

加自主:适合学有余力、善于自我加码的学生,可在完成教师布置的任务的基础上,再自行提升。

"四自"体系为学生提供了一整套作业方案,学生从中选择最适合自己的"那一个",并且能够随时切换。这真正实现了孔子所倡导的"因材施教",更是对每一位孩子的尊重与理解。不过,外界对此了解不足,我每次介绍经验,提到"自主作业"四个字,人们都一脸惊讶:啊,这能行得通吗?

实践是检验真理的唯一标准。当孩子们的眼中重新闪耀光芒,当校园里绽放出一张张灿烂的笑脸,社会上的疑虑也就逐渐消失了。

第二节
天地宽阔任遨游：
以自主作业撬动自主学习

推行自主作业多年，我被问到最多的问题是：把做作业的权利放给学生，不担心军心涣散吗？在他们看来，自主作业充其量只适合拥有良好学习习惯的"尖子生"，至于那些做作业本来就磨蹭，甚至排斥做作业的"差生"，应该采取紧盯战术，让他们在教师和家长的严格监督下完成作业。

对此，我总是先反问："你想过没有，做作业的本质是什么？"待对方进入思考状态，我紧接着启发："所谓家庭作业，是在没有教师指导的情况下进行的，它要求学生拥有自主学习能力。换言之，做作业的过程是培养和提升学生自主学习能力的过程。因此，'自主学习'正是做作业的本质要求。"

见对方点头，我趁势提出"灵魂拷问"："既然如此，把'作业权'交还给学生，以自主作业促进自主学习，不是顺理成章的吗？倒是那种把做作业理解成刷考题、做试卷，对学生管头管脚的做法，才是违背了作业的核心要义。坚持那一套，就不可能把'双减'政策落到实处。"

其实只要能换位思考，成年人是不难明白个中道理的。这两年，职场"007""996"遭到广泛吐槽，尤其是互联网大厂，加班现象十分严重。然而调查显示，绝大多数的加班是毫无必要的。

假如受过无效加班之苦的成年人，能设身处地地想想困在作业中的孩子，自然能产生共情，进而达成理解。显然，无论是工作还是学习，采用这种既降低效率又损耗身心的做法，只会同初衷背道而驰——打工人因高消耗工作而陷入亚健康，甚至"过劳死"，孩子因不堪作业压力而精神抑郁，甚至做出过激行为……这类悲剧我们见得还少吗？

相反，从安阳实验小学学生绽放笑容的脸上、活泼的身影中、轻快的步伐里，我们分明能够看到挣脱枷锁后的自由。每一位走进安阳实验小学，切实了解自主作业的人，都会放下偏见，感叹于它的神奇效应。

事实证明,自主作业解放了孩子的天性,学习热情随之喷薄而出。卓茹颖同学的故事就很有代表性。

从四年级开始,卓茹颖选择了语文学科的全自主作业。她最大的爱好是阅读与写作,因此她的自主作业大多和这两项有关。她制订了每日、每周、每月计划——每日积累成语、写作素材和古诗名言,每日专题阅读30~60分钟;每周做阅读小报或思维导图;每月写一篇读后感或观后感等。

自主作业的效果是十分显著的。

成语积累丰富了她的词汇,增长了她的知识面,让她在写作文时能广泛、恰当地运用成语,增加文章的韵律感;每天花三五分钟积累作文素材,让她的作文思路更清晰,语言更富有文采,笔下的世界更绚丽多姿;在专题阅读阶段,她广泛涉猎历史、小说、科普、散文等各类书籍,常常沉浸其中,心驰神往,长期的阅读积累也让她的文笔愈发流畅生动;动笔写书籍的读后感和电影的观后感,不仅提高了她的写作水平、增强了表达能力,还在无形中提高了她的逻辑思辨能力(如图3-1、图3-2所示)。

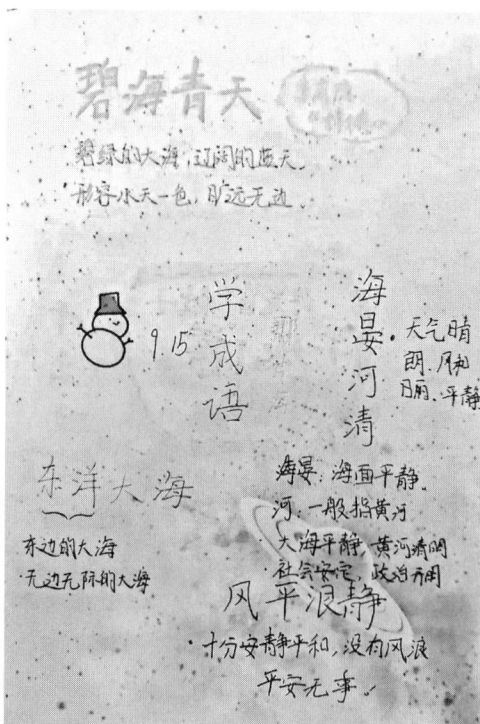

图3-1 卓茹颖同学的读书札记(1)

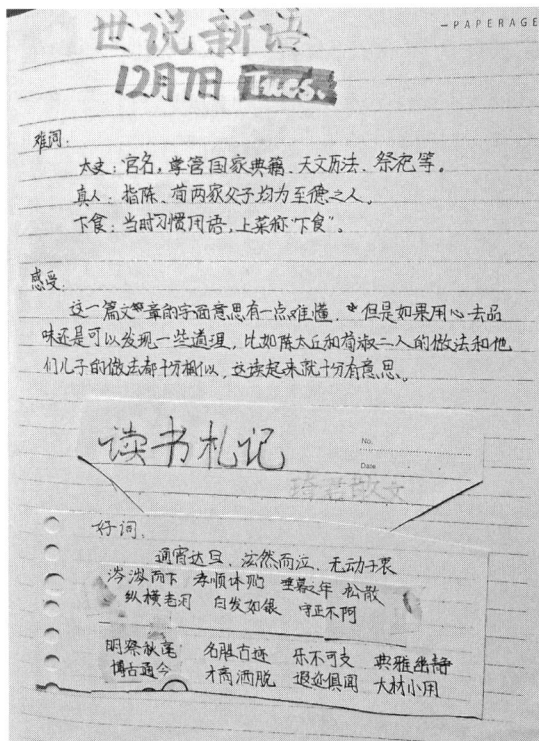

图 3-2 卓茹颖同学的读书札记（2）

卓茹颖的作文越写越好了，文学素养的提升也是有目共睹的。她被评为"校文学新星"，作品多次登上校内外刊物。比如，她的作品《四季》《太阳和月亮》在校报《童声报》上发表，《母亲河》亮相少儿杂志《小榕树》，《我见过最美丽的花》刊登于《现代作家》杂志。卓茹颖还荣获瑞安市第二届"新华杯"汉字诗词大赛二等奖等奖项。

一次交流中，卓茹颖开心地对我说，自主作业让她收获了知识，收获了成果，收获了快乐，更收获了成长。最令她高兴的是，自主作业让她学会了时间管理，从而有更多时间和精力去做自己想做和喜欢做的事。

平时写完作业，卓茹颖会去跑步、游泳、打球、骑自行车，或者画画、写书法、弹双排键。周末她会去公园散步，观察自然风物，体会自然之美。她还爱上了摄影，用影像留住生活中点点滴滴的美好……

"这些经历不仅锻炼了我的体魄，也磨炼了我的意志，让我在学会新本领的同时,也拥有了乐观、大方、善良等优秀的品质。"卓茹颖说。

　　卓茹颖同学的成长经历告诉我们,自主作业有利于激发孩子的主观能动性,培养他们自主学习的习惯。而一旦迸发出学习的热情,孩子的创造力将是无穷无尽的。天地宽阔任遨游,这才是"好作业"给予孩子最贴心的礼物。

第三节
神奇的"半自主"：
助力"皮大王"变身"代言人"

把作业权还给学生，并不意味着教师可以当甩手掌柜，从此就"躺平"了。事实上，实施自主作业改革后教师的责任反而更重了。要知道，孩子不是天生就懂学习、会学习的，如果成年人放任自流，孩子的"自主"选择很可能和改革初衷相悖，从自主滑向放纵。这就要求教师加以引导，让孩子的"自主"走上正轨。打个比方，教师如同河道，要把握好河流的走向，这样才能让河水尽情奔流。教师导向性在教育过程中发挥着重要作用，这一点在管理"皮大王"这类学生时表现得尤为突出。

一个班级里，最令教师头疼的莫过于"皮大王"。这类学生不仅自己不认真听讲，还总爱影响他人，破坏课堂纪律。教师只有时时刻刻盯着，否则稍有松懈，精心营造的学习氛围就会被打破。可教师在课堂上要兼顾几十个孩子，精力是有限的，怎么可能针对特定个体采用"人盯人战术"呢？

张碎莲老师的班上，曾经就有这样一名"皮大王"。

"皮大王"叫张子见，生性好动，根本坐不住。课刚上5分钟不到，他就往桌子底下钻，老师看他一眼，他就略安生些，过一会儿他又忍不住了。张碎莲老师接手前，好几位老师带过这个班，普遍反映"带不动"。他们都拿该生没办法。

张碎莲老师首先想到的是借助家长的力量。于是她请孩子的妈妈来校共商对策，结果孩子妈妈也很为难。原来孩子有注意缺陷多动障碍（俗称"多动症"），情绪过度活跃，注意力很难集中。家长想过很多办法，都难以根治。最终，孩子妈妈决定陪读。当孩子在教室里上课时，妈妈就坐在学校走廊上监督。她还安慰张碎莲老师："上完这个学期，我们就转学！"

在张碎莲老师看来，转学只是转移矛盾，而无助于解决问题。作为一位有着强烈责任心的教师，她不愿意把难题抛给别人。

张碎莲老师开始仔细观察子见的日常行为,发现他身上的闪光点,她觉得,或许能从这些闪光点中找到疗愈方法。很快她注意到,子见特别喜欢看书写字。每当翻开一本喜欢的书,或者摊开纸、提起笔,这个"皮大王"就变得分外沉静了。多动症仿佛消失了一般,周围的空气也随之宁馨。

这不就是突破口吗?张碎莲老师跟子见说:"你这么喜欢看书写字,那么在我的语文课上,你想看书就看书,想写字就写字,好吗?"子见愣住了——他没想到,老师会赋予他如此大的自由度。接下来的话更令他吃惊。张碎莲老师告诉子见,今后他改做半自主作业。那意味着,教师布置的作业中如果有他不想做的部分,他可以去掉,用自己喜欢和擅长的内容替换。

奇迹发生了,自主权成了治愈多动症的"特效药"。课堂上,子见一改"钻桌子"的习惯,而是认真听老师讲课,积极和同学分组讨论。课后,他练书法、读好书、做摘记,乐此不疲。孩子肉眼可见的转变,让子见妈妈倍感欣慰,对张碎莲老师和安阳实验小学充满信任,再也不提转学的事情了。

转眼到了四年级下学期,张碎莲老师建议子见:"不妨减少摘记量,把省下来的时间用于写话,这样,你的语文能力将更上一层楼。"子见听从建议,开始进行写话练习。结果一发不可收——从最初的几十个字发展到后来的两三百字;从简单的一两段话,发展到独立完成一篇文章。

到五年级,张碎莲老师完全放手,让子见做全自主作业。她告诉子见:你想怎么设计作业就怎么设计作业,老师不干涉。已经爱上写作的子见,选择每天写一篇文章。持续一年多,他积攒了十几本文集,还练就了 10 分钟写一篇五六百字文章的本领,颇有古人"下笔千言,倚马可待"的风范。

2021 年,温州市小学第十一届"课改领航"现场会在安阳实验小学举行,来自温州的教育专家聆听了张子见的分享后,给予高度肯定。在场专家经过评估一致认为,张子见的语文能力已相当于初二、初三学生的水平,未来大有可期。

子见的书法水平同样有目共睹。他荣获"墨点字帖杯"第五届全国硬笔书法大赛学生组特等奖,连续两年参加瑞安市艺术节比赛,硬笔和软笔均获得一等奖,为学校、为班级,更为他个人增光添彩。

2023 年 9 月,安阳实验小学外滩校区正式揭牌,到场的领导、记者惊讶地发现,新校校牌上的字居然出自一位 14 岁的孩子之手! 这算是我的创意。新学校题写校牌,一般会请书法家或名人,我却突发奇想：子见这位小书法家不正合适吗？于是,我们请他为这座理念先进、风景优美的校园题写了校牌。我想,这在瑞安、在温州、在浙江乃至在全国,都是不多见的。《温州晚报》对此进行了专题报道,这无疑是对子见同学又一次极大的鼓励。

从半自主作业到全自主作业,子见学会了时间管理,学会了自主学习。他不但语文成绩优异,数学、英语、科学等学科成绩也有了长足的进步。子见还爱上了运动,骑车、跑步、骑马、轮滑、游泳、开卡丁车……他都有所涉猎。

最终,这位曾经的"皮大王",以全年级总分第一的优异成绩升入中学。我们都说,张子见同学是安阳实验小学作业改革的"形象代言人",而这,和张碎莲老师耐心地引导是分不开的。

第四节
绽放鲜艳的花朵:
全自主作业成就因材施教

经过一段时间的施行、调整、推广,安阳实验小学的2 000多个孩子都享受到了自主作业的"红利"。这也让我们在新一轮教改中走在了前列。

2021年7月,中共中央办公厅、国务院办公厅印发《关于进一步减轻义务教育阶段学生作业负担和校外培训负担的意见》(简称"双减"),要求各地区各部门结合实际认真贯彻落实。"双减"政策的大幕轰然拉开。

很多学校感到意外,家长也一脸茫然,不知从何入手。而此时,安阳实验小学已然建立起完善的"四自"作业体系(即半自主、全自主、待自主和加自主),作业之于孩子们早就不是负担了。因此,"双减"政策在安阳实验小学的落地可谓"丝滑",师生们毫无障碍地就对接上了。

"双减"政策更坚定了我们的信心,让我们确定,作业改革这条路走对了,是符合国家期望的。"双减"政策实施后,温州的不少学校来安阳实验小学考察、调研、取经。来自教育界同行的肯定和效仿,是对我们极大的鼓励。看着业界自主作业的队伍日渐壮大,我们倍感振奋。

当然,疑惑总是难免的。来访者在盛赞的同时,往往忍不住发问:2 000多个孩子全都搞自主作业,真能行吗? 他们的顾虑在于,不同孩子的性格、爱好、习惯皆有差异,怎么保证自主作业普遍适用呢?

我的回答是,正因为每个孩子有着不同于旁人的独特性,自主作业才更有必要。因为它真正实现了孔子倡导的"因材施教"。而这,是被我们的实践一再证明的。对此,张碎莲老师最有发言权。

改革之初,我们先搞试点,从每个班级中挑选30名孩子,赋予他们自主作业的权利。我们的设想是,待初见成效,再向全体学生推广。至于推广的具体节点,我们一开始并没有明确,打算视效果而定。没想到,张碎莲老师的一次重要决策,加速了自主作业的推广进程。

事情是这样的。一次上完语文课，张碎莲老师刚走出教室，感觉有人轻轻地拉了她的衣角。低头一看，原来是陈同学。

她俯下身，柔声问道："有什么事吗？"

陈同学怯怯地问："张老师，我能不能选择全自主作业？"

张碎莲老师忽然意识到，由于先天性脑损伤，陈同学的反应能力比其他同学慢一些，理解力也弱一些，老师布置的作业对他来说太难了。他提出根据自身能力设计和安排作业，是合情合理的。张碎莲老师甚至有些自责："我怎么没早点发现这一情况呢？"因此，尽管陈同学并不在自主作业的名单里，张碎莲老师仍然答应了他的要求。

随后，张碎莲老师指导陈同学制定了语文的全自主作业。当时陈同学刚刚升上五年级，按照语文教学进程他应开始进行名著阅读了。对他来说这个难度比较大，怎么办呢？商量下来，老师让陈同学另辟蹊径，通过看根据名著改编的连环画或电视剧来"等量替换"。张碎莲老师还提议陈同学，每天晚上都要和家人进行简短的交流，以此锻炼思考能力和表达能力。

与此同时，张碎莲老师还统筹、协调英语、数学、科学等各科教师，共同为陈同学设计作业，从而实现了他所有学科的全自主作业。

变化是显著的。仅仅过了一个学期，陈同学的成绩就突飞猛进。五年级第二学期期末考试，陈同学的数学成绩从个位数提升到五十几分，科学获得了七十几分，语文和英语更是超过了八十分。2023 年，陈同学小学毕业，并以语文、数学、英语、科学全部及格的成绩顺利迈入中学阶段的学习。对一位先天性脑损伤的孩子而言，这无疑是个奇迹。

看着陈同学露出灿烂的笑容，我们都很感慨。

陈同学的母亲很早就去世了，父亲重组家庭，所以他一直是跟着外公、外婆一起生活的。隔代教养本来就容易产生问题，陈同学的情况又较为特殊，为了陪伴他成长，家长、老师、学校付出了大量心血。当然，陈同学自己也很努力——做全自主作业就是他主动提出的。

自主作业让所有人的努力都得到了应有的回报。试想，如果沿用传统的作业模式，陈同学大概率是跟不上学习进度的。如若这样，他势必成为应试教育下的

"差生",既不可能取得今天的成绩,也不可能像今天一样充满自信。

这种自信是会传递的。陈同学的成长经历让我们确信,把作业主动权还给孩子,激发了孩子的潜能,真正做到了因材施教。因此,它是普适的,对每个孩子都适用。于是很快,自主作业就在安阳实验小学的2 000多名孩子中落地生根了。今天,它已经绽放出鲜艳的花朵。

第五节
用作业联结素养：
一面"减下来"，一面"提上去"

多年的实践，让安阳实验小学的作业改革愈发完善，并逐步摸索出了一套切实可行的方法。其核心要义，我将其总结为以下几个方面：

第一，控制书面作业总量。一年级、二年级原则上不布置书面家庭作业，在校内安排适当巩固练习；三年级到六年级每天书面作业完成时间平均不超过 60 分钟，且尽量在课后服务时间完成。

第二，作业形式多样。孩子可以依据自身的学情，在教师指导下选择全自主、半自主、待自主、加自主等自主作业形式，且可根据实施情况调整与切换。

第三，作业批改规范。教师严格落实学校作业批改制度，不让孩子自行批改或家长批改，不通过班级 QQ 群、微信群、钉钉群等布置家庭作业。

第四，免做、免检与免考。孩子晚上 8:30 后仍未完成当日作业的，家长可签字免做，允许"开天窗"；作业完成情况好、成绩优秀的同学，周作业可以免检，期末检测可以免考。

当然，改革始终是在不断推进的。我们从未满足于现有的成果，而是一直在思索，如何将作业改革推向更长远、更深入、更广阔的领域。

这就需要回归到做作业的根本目的。结合"双减"的背景来看，国家减轻学生作业负担，是为了将学生从题海中解脱出来，让他们拥有更多的时间和精力去丰富童年。为此，教育部要求学校利用课后服务时间，开展科普、文体、艺术、劳动、阅读等活动。显然，其目的在于培养和提升孩子的综合素养，通过将德育、智育、体育、美育及劳动教育"五育并举"，实现"五育融合"。

有鉴于此，我们提出用作业联结素养，即通过作业来提升学生的综合素养。自主作业 2.0 版就这样应运而生了。

自主作业 2.0 版并不局限于书面形式的作业，而是拓展到了各种各样形式的作业。有的孩子选择健身,体力较差的每天跑步,想长高的就去跳绳、打篮球;有的选择做家务,增强生活自理能力;也有的选择在周末陪伴爷爷奶奶、外公外婆,借此学会感恩……

其中,金一航这个孩子给我留下了极为深刻的印象。

我们都亲切地称金一航为"大头儿子",因为他非常聪慧,语文、数学、英语、科学各科成绩在全年级均名列前茅,堪称"全学科学霸"。可就是这样一位"学霸",体育方面却不太理想。究其原因,金一航受固有思维的影响,认为好学生就等于会做题、成绩好,所以日常他宁愿待在教室或家里刷题,也不愿意出去运动。

老师们想了很多办法试图改变"大头儿子",但效果都不太显著。直到班主任张碎莲老师想出了一个"计谋"——三年级时,她让金一航代表班级参加校运会。

安阳实验小学每年都会举办校运会,那可是全员参与的盛大活动。一年级、二年级的学生参加集体项目,到了三年级,就有个人项目了。张碎莲老师特意选在这个时候派金一航出战,结果可想而知,不擅长运动的他不出所料地未能取得理想成绩,遗憾落选。

换成别的孩子,或许会感到沮丧气馁,但金一航的性格中有一股不服输的劲儿,这次挫折反而成了一种激励。果然,看着别的同学神采奕奕地登上领奖台,在师生们的掌声中接受嘉奖,这位"学霸"心里很不是滋味,他的好胜心被彻底激发了出来。此后,他主动在自主作业里添加了两项内容:打羽毛球和跑步,并且规定每天练习。

能坚持下来吗?坦白说,家长和老师起初都心存疑虑。然而,金一航同学让所有人都刮目相看了。整整两个学期,他风雨无阻,从未间断,还时不时主动增加练习量。

升入五年级后,金一航主动请缨,再次站到校运会的赛场上。这次,他要参加400米比赛。经过奋力拼搏,金一航获得了第五名。论成绩,或许不算特别出色,但对他而言已经是质的飞跃了,老师和同学们都为他感到高兴。

我们也发现,加强锻炼后的金一航情绪更加稳定,做事更具耐心,性格也更加活泼开朗了。大家都说,这才是真正意义上的"全学科学霸"。金一航同学的案例生动展现了自主作业2.0版的实施成效。而在安阳实验小学,有成百上千个"金一航"。自主作业2.0版推行以来,孩子们的综合素养有了明显的提升。现在,我可以骄傲地说,通过对自主作业的回顾总结和优化升级,我们在减轻作业负担的同时,又将学生的综合素养提升了上去。

一面"减下来",一面"提上去",自主作业得到了学生和家长的一致好评,同时也获得了教育界和全社会的广泛赞誉。

安阳实验小学建校20周年校庆时,我们对一大批校友,包括天才少年、26岁成为数学家的陈杲校友,毕业于斯坦福大学的方文琪校友,毕业于北京大学的林砚秋校友等进行了视频采访,问他们小学阶段哪些教育事件对您产生了终身影响?他们不约而同地提到了"自主作业"。作业改革甚至影响了他们大学的学习以及步入社会后的工作。校友们都强调,没有自主作业的选择权,他们就没有时间做自己喜欢的作业。可见,作业改革引发了连锁反应,带动了课堂、课程形态的变化,联结了生活与学习、学校与社会、课内与课外。

第四章

滋润每一颗求知的种子
——项目化学习的效力和魅力

近年来,项目化学习作为一种创新的教学方法,在全球范围内的教育改革中成为热点。许多学校纷纷尝试引入这种模式,旨在通过跨学科的项目活动促进学生综合能力的发展。然而,如何将这一理念真正落地实施,并且根据中国学生的特点进行有针对性的调整和深化推广,仍然面临诸多挑战。

经过多年的探索与实践,瑞安市安阳实验小学找到了一条从自主作业到项目化学习的有效路径。通过营养午餐、乐享数学、奥匈研学等创新手段,我们力求让每一位学生都能从项目化学习中获益,找到适合自己的成长方式。

第一节
水到渠成：从自主作业到项目化学习

在瑞安市安阳实验小学，一种全新的教学模式正如火如荼地展开，那就是近两年教育部力推的项目化学习。

走进校园，你会感到一种与传统教学场景截然不同的活力与热情。项目化学习的主题丰富多样，从自然科学到社会科学、从艺术到技术……每一个项目都围绕真实的问题展开，需要孩子们运用所学的知识和技能去解决。学习的空间也无限延展，从学校到家庭到社区再到大自然，打破了所有物理空间的边界。学习随时随地都在发生着。

于是，我们明显地发现孩子们"变"了。他们不再只是安坐于课堂，被动地接受知识，也不再宅在家中，与题海鏖战。他们变成了兴趣主导的求知者和探索者，是问题的提出者和解决者。校园内外处处可见孩子们忙碌的身影。他们分组合作，一起探讨问题、寻找答案。在这个过程中，孩子们不仅学到了知识，更学会了合作与沟通。

他们在实践中成长，在挑战中进步。他们的思维变得更加活跃，他们的眼界变得更加开阔。他们的眼神里充满了好奇和探索的光芒，他们的笑容里洋溢着自信与成功的喜悦。

此情此景，不仅安阳实验小学的教师们感同身受，并深受鼓舞，也常常引来同行和外界的羡慕。"你们是怎么让项目化学习落地的？"这是我外出交流经验时被问到最多的问题。此刻，我会自豪地回答："一切都是水到渠成！"

其实，在推行自主作业的过程中我们就注意到，不少孩子在设计作业时，喜欢把作业设计成一个个项目。例如，朱明硕同学在学习了科学三年级上册第一单元的"水"以后，围绕"水的变化"这一主题，系统性地开展了从水的物理、化学性质分析到水蒸气实验验证的系列研究。

经过课堂改革，教师的课堂教学也带有越来越浓厚的项目化色彩。部编版语文教材二年级下册第一单元的主题是"春天",为加深理解,教师鼓励孩子们走出教室,走向自然,走进生活,通过观察、记录、写作、绘画、歌唱等方式记录春天。这相当于完成了一个以"春"为主题的综合性项目。

这促使我们进一步思考。当前,小学阶段有四门主要科目,即语文、数学、英语和科学,统称"主科四门"。现实中,"主科四门"的任课老师分头教学、分头布置作业乃是常态。这固然提高了教学效率,却在不同学科之间竖起藩篱,导致知识割裂化、学习破碎化。学生的学业负担重也与此有关。单独来看,每一科的作业都不能算多,可一旦四门功课作业叠加,对学生而言就是"不可承受之重"。

项目化学习很好地打破了这一困境。每一个项目都不是孤立的,而是涉及跨学科知识,需要群策群力才能完成的综合性任务。这样不仅弥合了各学科割裂与破碎的现象,有利于培养学生的综合素养,也能减轻学生的学业负担,可谓一举两得。

2019年,中共中央、国务院印发《关于深化教育教学改革全面提高义务教育质量的意见》,提出"探索基于学科的课程综合化教学,开展研究型、项目化、合作式学习";2022年,教育部颁布《义务教育课程方案(2022年版)》,明确要求"积极开展主题化、项目式学习等综合性教学活动"。

换言之,无论是安阳实验小学基于自身实践认识到的改革方向,还是国家顶层设计所确定的教改方向,都指向了项目化学习。按照教育部的要求,学校将项目化学习纳入课程实施方案。国家课程中,每学期开展学科项目化学习的课时比例不低于5%,地方课程和校本课程中的项目化学习课时比例也不低于5%。在此基础上,学校可根据不同年级学生的特点,探索不同组合的项目化学习模式,以真实而富有挑战性的问题情境,引导学生持续探究,创造性地解决问题,并用个性化方式展现学习成果。

这不仅是教学模式的转变,更是教育理念的升级,挑战不可谓不大。所幸,安阳实验小学一直在探索改革,"进化"到项目化学习可以说顺理成章。

正如一棵树需要深深扎根于土壤之中才能枝繁叶茂,教育改革同样需要肥沃的土壤。从最初尝试到全面实施,项目化学习已经成为安阳实验小学教育实践的核心。这一转变并非一蹴而就,而是一步一个脚印,慢慢累积而成。项目化学习如细雨般滋润着每一颗求知的种子,帮助它们生根发芽,茁壮成长。

第二节
营养午餐：发现真问题，设置真情境

从根源上讲，项目化学习源自美国哲学家、教育家约翰·杜威。他从实用主义哲学的视角出发，反对传统的以教师、课堂、教材为核心的教学模式，转而提倡"从做中学"，着重让学生在实践中思考和学习。

杜威的学生威廉·赫德·克伯屈则更为激进。他要求摒弃教科书，打破学科之间的壁垒，废除班级授课制，完全由儿童依据自身的兴趣来决定学习内容，在自行设计、自行负责的单元活动中获取有关知识和解决实际问题的能力。克伯屈将这种具有革命性的教学方法称作设计教学法，后来逐渐演变成了风靡全球的项目化学习。

项目化学习剔除了克伯屈教育思想中过于激进的成分，保留了其精髓。

按照克伯屈的构想，教师应当引导学生从真实的问题情境着手，在一段时期内持续展开探究，创造性地解决问题，最终形成项目成果。我对此的理解是，"真问题"和"真情境"是项目化学习的关键所在。因为有了真问题，才会有真情境；有了真情境，儿童才能进行有意义的探索，并提出有效的解决方案。

所以，作为教师的首要职责，是协助儿童找到"真问题"。遵循这样的思路，在为四年级"营养与健康"课程进行教学设计时，安阳实验小学的教师们事先展开了广泛且深入的调研，明确学生针对这一主题最想要了解哪些内容。

结果多少有些出人意料。不少孩子反映，学校食堂的菜谱由厨师设计，从食材的选择到烹饪的方式都由厨师决定，孩子没有自主权，觉得饭菜不合口味也无法表达。孩子们纷纷提出：我们的午餐能不能由我们做主？

作为校长，我当即表态：当然可以，全力支持！

一个名为"15元营养午餐食谱设计"的项目就这样启动了，孩子们需要在这个预算范围内，设计一份营养健康又受欢迎的午餐食谱。为什么要在15元以内呢？这是财务方面的规定，学校食堂每份午餐的价格需在12~15元之间。

说做就做！在老师的指导下,四年级的孩子们分成了几个项目组,对任务逐步分解,有序推进:

第一步:征集问题。

孩子们制作了调查问卷,向全校学生征求意见:大家喜欢吃什么菜? 偏好什么口味? 有没有忌口? 每一餐几个菜比较合适? 荤素怎样搭配? 经过整理分析,各项目组得出了"最大公约数"——每一份午餐,确定为四菜一汤;荤素搭配要合理,既不能太过油腻,也不能清汤寡水;口味则应体现瑞安本地风味,以咸鲜为主。

第二步:校外调研。

有的项目组前往菜市场,按照肉类、蔬菜类、水果类等类别进行调研;有的则去餐饮店、快餐店进行实地调查。项目组不仅要搜集菜品、菜价等信息,还要向商家了解哪些是当季菜? 哪些菜比较畅销? 其目的是在制定食谱时,能在营养、口味和价格之间取得平衡。

第三步:制定食谱。

学校联系了医院的营养科,由专业的营养师为项目组解读"中国居民平衡膳食宝塔"(这原本就是四年级科学课的内容,我们在推进项目时就考虑到了这一点)。根据营养学知识,结合调查问卷和调研成果,每个项目组都制定了一份初步的食谱。随后在数学老师的指导下计算价格,项目组将每一份食谱的总价控制在 15 元的预算范围之内。

第四步:下厨实践。

食谱可不能只是交给食堂大厨就完事了。既然是项目化学习,不能只有纸面规划,而没有落地实操。于是各项目组拿着食谱,走进厨房进行试验。经过一番热火朝天地烹、炒、煎、炸,项目组认识到各自食谱中存在的问题,然后再进行调整。

第五步:品鉴遴选。

各项目组展示根据食谱制作的菜品,教师、厨师、家长及各年级学生代表前来品鉴,并听取项目组的汇报,最后进行打分。综合各方的评价后,最受学生欢迎的食谱,被推选为学校的每周菜谱,供全校师生共享。

"15 元营养午餐食谱设计"很好地践行了克伯屈"打破学科壁垒"的主张,孩子们运用了社会学、数学、营养学等多学科的知识;学习空间也不断变化,从课堂到菜市场、餐饮店,又转向医院,最后走进厨房。这种贴近生活实际的项目化学习,让孩子们体验到了无尽的乐趣,迸发出了无限的灵感。学生不仅掌握了营养与健康的知识,还拥有了实践的快乐,增强了交际和信息处理的能力,激发了他们对生活的热爱。

项目化学习以其独特的魅力,为"尊重教育"理念的落实拓展了更广阔的空间。这样的教育不仅能传授知识,更能培养能力、激发潜能。每一个孩子都是璀璨的星辰,只要给予充足的空间和机会,他们就能绽放出最美丽的光芒。

第三节
乐享数学：让"生活中的数字"大放异彩

《义务教育课程方案(2022年版)》明确提出："探索大单元教学,积极开展主题化、项目式学习等综合性学习活动,促进学生举一反三、融会贯通。"为此,安阳实验小学数学组以《义务教育数学课程标准(2022年版)》为依据,结合学校实际开展了数学学科项目化学习。

在大单元视角下,以"生活中的数学"为大主题,低年级开展认识钟表、长度单位、数字编码等主题式学习活动,高年级则开展角的度量、比的认识等项目化学习研究,引导学生从生活实际出发发现数学问题,在探究中运用数学知识解决实际问题。

一、小尺子,大学问

基于数学二年级上册第一单元"长度单位"的学习内容,教师们精心设计了项目化学习活动——小尺子,大学问。学生在活动中拓展与长度单位相关的知识,并利用所学知识制作米尺、用米尺测量生活中物体的长度、帮同桌设计服装等,进一步学会用数学的眼光观察现实世界,用数学的思维思考现实世界,用数学的语言表达现实世界。

(一) 米尺制作小能手

学生已经认识了长度单位厘米和米,随后通过观看视频,借助学生尺画刻度线,标注数字,并在米尺上画自己喜欢的图案,完成米尺制作。之后再用制作好的米尺,独立或小组同学合作测量教室内外物体的长度、两地间的距离,并记录数据。活动中,学生学会了用合适的刻度尺测量物体的长度,初步形成估算物体长度的意识,进一步建立1(几)厘米和1(几)米的长度观念,培育了量感。

（二）小小服装设计师

在这个活动中，孩子们知道了衣服的尺寸与肩宽、臂长、胸围等因素有关，能挑选合适的工具测量身体各部位的维度，并用简单、直观的方式记录数据。最后，学生根据数据为同桌设计服装，画出设计图。在合作测量、设计画图的过程中，学生学会了独立思考以及与人合作，创新能力和应用意识得到发展，并体会到学习数学的意义和价值。

（三）尺子的前世今生

前期，学生通过查阅资料，探究长度单位及尺子的产生背景与发展历程，进一步感受统一长度单位的必要性。在了解尺子的前世今生的过程中，学生加深了对统一长度单位的理解，增强了民族自豪感，感受了世界文化的多元性。最后，小组合作整理长度单位与尺子的相关知识，通过制作 PPT 汇报、讲故事、演话剧等多种方式展示所学知识。学生亲身经历资料的收集、整理等学习过程，提高了查阅资料、自主探究的能力，培养了团结协作的精神。

二、滑滑梯大探秘

数学源于生活，应用于生活。基于数学四年级上册第三单元"角的度量"的学习内容，学生们开展了"滑滑梯大探秘"项目化学习活动，并有了丰富的学习成果。

滑滑梯是每个孩子童年不可或缺的美好记忆，滑滑梯上藏着哪些数学知识呢？倾角的大小跟滑滑梯的设计有关系吗？怎样滑滑梯才能既安全又好玩呢？同学们带着一个个问题展开对滑滑梯的大探秘。

（一）项目启动，带着问题出发

了解滑滑梯的相关知识，体验不同规格的滑梯，思考下滑的快慢与哪些因素有关，为什么有些滑滑梯需要限制身高呢？

（二）小组合作，自主探究

（1）在制作滑梯的过程中，需要考虑哪些因素，才能让滑梯既安全又好玩？在制作过程中小组遇到了哪些困难？又是怎么解决的？

（2）各小组利用实物多次实验、尝试，并根据实际需要调整滑梯的角度，得到小组满意的实验结果。

（3）设计滑梯模型图。

（4）制作滑梯实物模型。

（三）成果修订与展示

回顾、整理项目学习全过程，小组汇报学习过程和成果。

（四）成果公开与推广

经过一个星期的项目化学习，同学们在教师的带领下展示学习成果，成就感满满。

通过这些充满创意和实践性的项目化学习活动，安阳实验小学数学组不仅让学生们更深入地理解了数学知识，更重要的是培养了他们利用数学知识解决现实问题的能力。这种学习方式显著提升了学生们的数学素养，同时也激发了他们对数学的兴趣和热爱，培养了他们的创新意识和实践能力。

玩中学，学中玩，快乐数学常相伴。数学学科项目化学习，改变了数学学习方式，拓宽了学习时空，学习主体得以转变，学习成果精彩纷呈。

第四节
奥匈研学：用项目化学习为研学赋能

"读万卷书，行万里路"，是我少年时代就奉行的一句话。我始终认为，要把个人的小世界和万物勾连起来，这样才能让人生拥有无限发展的可能。

自登上教坛之日起，我便鼓励学生不仅要从书本中汲取智慧，更要走出去，去亲身体验。我常言，如果书籍是知识的海洋，那么旅行便是经验的航船。当我们走出校门便能发现，世间的广袤与复杂，远非课本上的文字所能穷尽。山川河流自有其独特的语言，城市乡村各有各的风情故事。每一次出行，都是对视野的开拓，对心灵的洗礼。

随着教育改革向纵深推进，越来越多的教育同行与家长认识到"走出去"的重要性。我们不应将孩子束缚在教室的四壁之内、书本的字句之间，而应将他们置身于广阔的天地，用双脚丈量土地，用双眼观察世界。

研学的兴起，正是这种思潮的具体体现。它打破了传统课堂的桎梏，让孩子们在实地考察中学习知识、体验生活。近年来，研学活动如星火燎原般席卷而来，尤其在寒暑假期间，大江南北处处可见熙熙攘攘的研学团。环顾我的微信朋友圈，很多有孩子的家庭，都在讨论研学的计划，分享研学路上的所见所闻。

令我自豪的是，安阳实验小学走在了研学教育的前列。早在2019年，我们就成功组织了一次意义非凡的"奥匈研学"之旅。当时，研学尚属新兴事物，我们却已勇敢迈出了第一步。

事情的缘起是这样的。瑞安市和匈牙利欧菲尔市是友好交流城市，双方在经贸、科技、教育等领域有着广泛合作。在这一背景之下，经瑞安市外事办公室和瑞安市教育部门携手推进，"2019安阳实小跨视界奥匈研学"正式启动。

为确保研学行程的顺利开展，我们精心筹备，决定采用学校初创的项目化学习方式来设计此次活动。

我们成立了国际研学旅行课程工作坊，聚集 8 位教师和 48 名学生，共同研发研学课程。教师事先搜集、整理了孩子们感兴趣的 24 个问题，并在专题制定指导课上，让学生逐一了解具体内容。这些问题包括对奥地利"音乐王国"这一称号的研究与探索、奥地利和匈牙利两国美食的差异、奥地利和匈牙利小学生的学习方式等，涵盖文化、饮食、教育等各方面，展现了孩子们浓厚的好奇心。

最初的 24 个问题：

（1）对奥地利"音乐王国"这一称号的研究与探索。

（2）奥地利的美食和匈牙利的美食有什么区别？

（3）奥地利的小学生是怎样学习的？

（4）匈牙利的环境和中国的环境相比怎么样？

（5）匈牙利的魔方有什么特点？玩时有何技巧？

（6）奥地利的饮食有什么特点？和我们的饮食有什么不同？

（7）奥地利的音乐风格和我们的有什么不同？

（8）为什么匈牙利人魔方玩得这么好？

（9）奥匈两国孩子的课余生活和我们有什么不同？

（10）匈牙利的孩子魔方玩得这么厉害，那边的老师是怎么教的？

（11）匈牙利有哪些特色美食？他们的土豆炖牛肉是怎么做的？跟中国的有什么区别？

（12）奥匈两国人民的生活方式、学习方式和我们有什么不一样的地方？他们的音乐课与我们的音乐课有什么不同？

（13）匈牙利的饮食和我们的有什么不同？

（14）奥地利的音乐为什么这么著名？他们的音乐课与我们的有什么区别？

（15）奥地利的代表建筑与国内类似建筑的对比研究。

（16）关于奥地利特色美食的研究。

（17）他们为什么会制造巧克力梦工厂？

（18）匈牙利人玩魔方为什么这么快？有什么秘诀吗？

（19）14位诺贝尔奖获得者的出生地——匈牙利,那里学生的学习方式及教育方法是怎样的?

（20）为什么奥地利被称为"音乐王国"? 他们的民间音乐和我们的民间音乐有什么不同?

（21）匈牙利的建筑和中国的有什么区别?

（22）奥匈两国的饮食有什么特点? 与我们中国的饮食有什么不同?

（23）匈牙利的教育方式有什么不一样?

（24）英雄广场为什么这么有名? 有哪些英雄? 它的背后有怎样的历史?

鉴于问题数量较多,指导老师朱芙蓉引导孩子们对问题进行分类。经过小组商讨、反馈交流及补充修正,孩子们在思维碰撞中逐渐形成了六大专题:魔方、学习方式、音乐、美食、建筑和文明礼仪。随后,孩子们根据兴趣自由分为六个研究项目小组,各小组选出组长、副组长,并根据选定的专题,制订详细的研学计划。

最终归纳的六大专题:

（1）魔方:关于匈牙利魔方的探索与研究。

（2）学习方式:关于匈牙利小学生学习方式的探索与研究。

（3）音乐:关于奥地利"音乐王国"之称的探索与研究。

（4）美食:关于奥地利和匈牙利特色美食的探索与研究。

（5）建筑:关于奥地利和匈牙利特色建筑的探索与研究。

（6）文明礼仪:关于奥地利和匈牙利人民文明礼仪的探索与研究。

工作坊先后举办了12次活动,从项目研究开题课,到研究专题方案指导课,再到研学计划书指导课,可以说做了充足的准备。我曾多次探访工作坊,一方面鼓励孩子们,一方面也是见证项目化学习的成效。

果然,在大家的共同努力下,安阳实验小学的"奥匈研学"圆满收官。而我,把此次研学视为项目化学习成效的一次重要验证。通过项目化学习的方式,孩子们学会了在实地考察中收集信息、分析问题、解决问题,极大地提高了实践能力和创新能力。我们实际上是用项目化学习为研学赋能,通过将项目化学习应用到研学中,不仅丰富了学生的学习体验,提升了他们的综合素养,也为教学方式的革新提供了新思路。在未来的教学实践中,我们将继续探索和深化项目化学习的应用,让更多学生受益于这种富有成效的学习方式。

安阳实验小学打造的"行走的课堂"已成为课堂教学的新样态。这一实践让孩子们得以亲近大自然、接触社会、认识世界,让大千世界成为孩子们最丰富的学习内容。

第五节
升级迭代：这一周，校园里没有铃声

上课打上课铃，下课打下课铃，这是很多人对校园生活的深刻记忆。伴随着铃声，孩子们或绷紧神经，端坐在课桌前开始听讲；或放飞自我，蹦跳到教室外享受课间的自由。铃声之于校园，如同号角声之于军营，是秩序的象征，也是时光的节拍器，引导着孩子们的日常行为。

然而，你想过没有，如果铃声离开校园，会是怎样的景象？不要惊讶，在"项目化学习周"期间，整整一周，安阳实验小学的校园里都是听不见铃声的。

这源自我们对学习方式改革的持续推进。

经过一段时间的打磨，项目化学习的效果可谓有目共睹。安阳实验小学的老师们深刻体会到，项目化学习有助于学生聚焦问题、深度探究，让学生运用多学科知识解决问题，从而培养学生提出问题、解决问题的能力。事实证明，项目化学习不仅是独立的课程形态，更是超越学科、超越课堂的高效的学习方式。

我们还请来专家领衔复盘，提出意见。犹记得瑞安市教育发展研究院谢余清老师对数学学科项目化学习给予的高度评价，认为该项目化学习"通过内容、目标、评价、成果等多角度改变教学方式，发展学生高阶思维、培养优秀人才"。

专家们提议，在现有基础上迭代升级，让安阳实验小学的项目化学习更上一层楼。很多家长也表示，从刚开始的心怀顾虑到如今的鼎力支持，他们也希望项目化学习向纵深推进，发挥出更大效用。

专家的期许和家长的憧憬是我们干下去的底气，也是我们前进的动力。我萌生了一个大胆的想法，每学期辟出一周时间，孩子们不上课、不做作业，而是全身心投入到项目化学习中。这段时间，铃声也将从校园彻底消失。这意味着突破学习的时长、空间等诸多限制，赋予孩子完全的自由。

这一周就叫"项目化学习周"。

2020 年是我们的"项目化学习周"元年,从 11 月 30 日至 12 月 4 日,安阳实验小学的六个年级,全部切换"频道",进入项目化学习状态。

这一周,校园里没有了往常的铃声,取而代之的是孩子们专注探索、热烈讨论的声音。他们或三三两两围坐一桌,低头沉思;或小组合作,共同攻克难题。孩子成为学习的主人,眼中闪烁着对知识的渴望和对未来的憧憬。

这一周,时间被赋予新的教育内涵。传统的课堂界限被打破,时间转化为孩子们自由探索的珍贵契机。空间的限制也被打破,图书馆、实验室、操场,甚至走廊都成了孩子们学习的场所。

教师也从传统的知识传授者转变为引导者和合作伙伴。他们不再站在讲台上滔滔不绝,而是走到学生中间,倾听他们的想法,提供必要的指导。师生关系变得更加紧密,彼此之间的信任和尊重也日益加深。

当一周的项目化学习结束,孩子们不仅收获了知识和技能,更重要的是,他们学会了如何学习、如何合作、如何创新。这些经历将成为他们人生旅途中宝贵的财富,激励他们不断前行。

"项目化学习周"不仅是一次教育实验,更是一次对未来教育模式的大胆探索。它告诉我们,教育不应局限于课堂和书本,而应面向开放、多元、充满可能性的世界。浙江省教育厅的专家在考察后说,安阳实验小学跨学科整合的项目化学习,走在全省最前列。

这一周,我们不上课,只学习,亦无须烦躁的校园铃声,我们都沉浸在美妙的学习中。原来,我们可以这样学习!

附:安阳实验小学"项目化学习周"各年级主题

一年级:一棵树的价值

孩子们通过观察树、阅读关于树的儿歌和绘本、唱关于树的歌曲、做树叶书签和画树叶画等一系列活动,了解树的知识,并用课本剧、朗诵、讲座等不同方式全方面展示学习成果。

整个活动贯彻"教为主导、学为主体"的教学原则,促进学生有效学习,提高学生实际解决问题的能力。

二年级：昆虫世界

该项目基于二年级学生的学情和心理发展需要，围绕核心概念"地球上生活着不同种类的生物，生物有基本的生活需求"开展跨学科学习。通过儿童视角下的问题探讨、方案设计和活动探究，促进学生内驱力和核心素养的发展。

三年级：水的世界

水是生命之源。为培养和提高孩子们爱水、惜水、节水和护水意识，切实保护水资源，三年级开展了以"水的世界"为主题的项目化实践活动。

怀着对活动的憧憬，三年级全体学生在教师的带领下，参与了一项项新奇的体验项目：全员参与水主题阅读，制作水主题手抄报，制作污水处理器，观察记录家中水表数据，参观学校水资源展览馆，制作水主题展板……学生对每一项活动都有浓厚的兴趣，他们在玩乐中学习到了丰富又实用的水知识。

四年级：营养与健康

该项目旨在促进学生了解食品营养和健康饮食的基本知识。学生通过查找资料、实践探究等方式了解各类常见食品，设计简单营养食谱。通过搜集食品信息，学生能提高筛选、汇总、提炼信息的能力，将营养知识和习得技能运用到生活实践中，养成健康的生活方式，最终能在实践中学习，在学习中实践。

五年级：心怀家国　逐梦前行——国防教育

国防是民族生存之盾。加强青少年国防教育，是培养社会主义事业建设者和接班人的重要课程。五年级学生通过一系列探究式、拓展式、全科融合式的活动，了解国防相关知识，激发爱国心，共筑强国梦。

六年级：职业体验让我成长

各学科从不同角度设计项目化学习内容。语文组教师根据各班的情况，让各班学生选择一个职业进行深入了解和体验，感受工作的苦与乐；数学组教师让学生调查数学在各种职业中的实际运用情况；科学组教师结合教材让学生当一回小小桥梁设计师；美术组教师分八个主题让学生制作职业手抄报；音乐组教师指导学生学唱有关职业的歌曲等。

第五章

打破课与课之间的围墙
——势在必行的课程改革

　　项目化学习的"跨学科"特征启发了瑞安市安阳实验小学的教师们,我们开始思考,要打破学科之间的壁垒,推动真正意义上的课程融合。于是,在安阳实验小学"教研天团"全体成员的共同努力下,我们抓住痛点、疏通堵点、克服难点,最终形成了以"三张课表""三种课型""三化设计"为核心的新课程方案。

　　这套全新的课程方案不仅是对现有教育资源的一次优化配置,更重要的是从根本上改变了我们对教育的看法——教育不再仅仅是传授知识那么简单,而是要致力于培养学生的批判性思维能力、解决问题的能力,以及良好的社会责任感等核心素养。最终,我们希望借此引导学生形成正确的世界观、人生观和价值观,为他们成为具有国际视野和社会担当的人才打下坚实的基础。

第一节
从"1+1"到"N+1"：多轮驱动迎来春暖花开

改革如同深邃海洋中奔涌的浪潮,向着遥远和未知的彼岸持续奔涌。在历史的长河中,每一次改革都是一次深刻的自我革新,每一次革新都孕育着新的生机与活力。

比如在描述明治维新的进程时,近代日本思想家、教育家福泽谕吉曾深刻地指出,刚开始日本只是看中了西方的先进技术,以为学会技术就能富国强兵。然而,随着时间的推移,他们逐渐领悟到单纯的技术模仿远远不够,技术背后的制度才是关键。而后又意识到,起决定性作用的是制度深处的文化观念。正是这种由表及里、层层深入的探索,才使他们抓住了改革的精髓。

福泽谕吉的这一论述,激发了我无尽的思考。他所指涉的是更高层面的制度改革、文化改革、思想改革,但道理是相通的。一个国家进行改革是如此,一个学校进行教育改革,又何尝不是如此?在实施课堂改革、作业改革、学习改革三大改革时我们就认识到,这些改革注定会影响课程设置,进而倒逼课程改革。甚至可以说,只有课程改革跟上,其他方面的改革方能持久。亦只有课程改变,学校的形态才会改变。

然而,课程改革从哪里入手、向何处发力,我思索再三,再三探索。2011 年,我调去瑞安市虹桥路小学担任校长,遂成立课题组,群策群力、集体攻关,提炼出"1+1"理念。2016 年,我调回瑞安市安阳实验小学任校长,将这一教研成果也移植了过来,并逐步升级为"N+1"理念。

那究竟什么是"1+1"理念,它又是如何演变成"N+1"理念的呢?

先从"1+1"说起。前一个"1"指当时如火如荼实施的课堂改革,它专注于教学方式的大刀阔斧,教师从课堂的主宰者转变为引路人,将主动权还给学生,让学生成为课堂的主人翁。第二个"1"则是课程改革的代名词。

显然,"1+1"实质上是课堂与课程的双重改革。这里的加号不仅是两者的叠加,更代表着齐头并进的并行关系。我们深信,课堂与课程的双轮驱动必须同步前行,改革才能走得稳健。在我看来,课程内容的丰富和形式的多元,必将拓展课堂的广度与深度,从而实现 1+1>2 的奇妙愿景。

随着改革的不断推进,继课堂改革之后,我们又相继启动了作业改革(自主作业)、学习改革(项目化学习)。这使得最初的"1"得以扩展,由 1 变为 N,"1+1"的理念亦随之升华为"N+1"。相应地,双轮驱动也变成了多轮驱动。

敏锐的读者或许已经察觉,无论"N"如何变化,那个"1"始终坚守其位。这彰显了我们对课程改革的高度关注。事实上,为提高学生的综合素质和创新能力,近年来教育部大力推动中小学课程改革,2022 年更是颁布了《义务教育课程方案(2022 年版)》,要求各地中小学根据实际情况,制定具体的课程实施规划,将课程改革落到实处。

为何课程改革如此重要? 我的理解是,倘若将教学比作河流,那么课程便是河道。河水的深浅、河面的宽窄、水流的缓急,很大程度上都是由河道的形态所决定的。因此,我们坚持以课程改革作为改革的"压舱石",确信唯有精心设计河道,才能让河水顺畅流淌,滋养两岸的生灵。

但这恰恰又是课程改革的难点所在,因为它触及了底层逻辑。

课程改革不仅包括重塑课表、调整课时、改革课型,还涉及教学方法的创新、评价体系的更新,以及教材与资源的优化利用。它还要打破传统课堂之间的界限、"拆除"学校与社会之间的"围墙",可谓千头万绪、环环相扣。

幸运的是,安阳实验小学拥有一支经得起捶打的"教研天团"。在"教研天团"全体成员的共同努力下,我们抓住痛点、疏通堵点、克服难点,最终形成了以"三张课表""三种课型""三化设计"为核心的新课程方案。

俗话说,"如鱼饮水,冷暖自知"。在这场深刻的课程改革中,我们行走在未知的领域,每一步都充满挑战与机遇。正是这些挑战,塑造了我们的勇气与智慧;正是这些机遇,让我们得以窥见教育的新篇章。如同福泽谕吉所言:"改革的过程虽然漫长而艰辛,但只要我们持之以恒,终将迎来春暖花开之日。"

第二节
三张课表：教育改变生活，课表影响一生

"课改课改，最重要的是研制出一张课表来。"语出江苏省教育科学研究所原所长、国家督学成尚荣。对此，我深有同感。直观地说，课表是对课程和课时的具体安排，规定了教师的工作轨道，确保了日常教学的有序开展。学校的一切教育教学活动，都是以课表为基本依据展开的。从课改的角度看，倘若没有课表的革新，课改也很难深入下去，取得实际效果。

成尚荣还说："一张课表会影响学生的生活，甚至影响学生的一生，将课表落实好，才能实现育人的宗旨。"这是从微观层面立论，指出课表对学生的学习习惯、知识体系及认知能力等有直接的塑造作用。道理很简单，学生是根据课表安排自己的学习和生活的，因而课表设置得好坏在相当程度上决定学习效率，甚至影响幸福指数。

这就是为什么历年来教育部颁行的课程方案中，课表都是不可或缺的。

《义务教育课程方案（2022 年版）》颁布后，我组织安阳实验小学全体教师进行研读，其中，"课程设置"部分的两张表引起了我们的高度重视（如表 5-1、表 5-2 所示）：

表 5-1　课程类别与科目设置①

类　别	科　目	年　级
国家课程	道德与法治	一至九年级
	语文	一至九年级
	数学	一至九年级
	外语	三至九年级

① 中华人民共和国教育部.义务教育课程方案（2022 年版）[M].北京：北京师范大学出版社,2022.

续　表

类　　别	科　　目	年　　级
国家课程	历史、地理	七至九年级
	科学	一至六年级
	物理、化学、生物学（或科学）	七至九年级
	信息科技	三至八年级
	体育与健康	一至九年级
	艺术	一至九年级
	劳动	一至九年级
	综合实践活动	一至九年级
地方课程	由省级教育行政部门规划设置	
校本课程	由学校按规定设置	

说明：本表按"六三"学制安排，"五四"学制可参考确定。

表5-2　各科目安排及占九年总课时比例①

年　　级									九年总课时（比例）
一	二	三	四	五	六	七	八	九	
国家课程									
道德与法治									6%~8%
语文									20%~22%
数学									13%~15%
	外语								6%~8%
						历史、地理			3%~4%
科学						物理、化学、生物学（或科学）			8%~10%

① 中华人民共和国教育部.义务教育课程方案(2022年版)[M].北京：北京师范大学出版社,2022.

续　表

	年　级									九年总课时（比例）
	一	二	三	四	五	六	七	八	九	
国家课程			信息科技							1%~3%
	体育与健康									10%~11%
	艺术									9%~11%
	劳动									14%~18%
	综合实践活动									
地方课程	由省级教育行政部门规划设置									
校本课程	由学校按规定设置									
周课时	26	26	30	30	30	30	34	34	34	
新授课总课时	910	910	1 050	1 050	1 050	1 050	1 190	1 190	1 122	9 522

说明：本表按"六三"学制安排，"五四"学制可参考确定。

经过研判，我们有两点启发：

第一，义务教育阶段总课时数为 9 522，其中，小学阶段总课时数为 6 020，一年级至二年级每周 26 课时、三年级至六年级每周 30 课时。这是"置顶设计"，属于底线，不能突破。此外，从科目设置和课时分配来看，尽管仍有"主科"和"副科"之分，但差距并不悬殊，且保证了德育、艺术和劳动的课程时间，充分体现了"五育并举"的精神。

第二，各科的课时比例分配有一定弹性。例如，语文占总课时的 20%~22%、外语占 6%~8%，在这个幅度之间，具体由各省自行安排。"课程方案"明确要求，劳动、综合实践活动每周不少于 1 课时，但可以和地方课程、校本课程的课时统筹安排。这就给了学校较大的自由度。

领会"课程类别与科目设置""各科目安排及占九年总课时比例"这两张表，结合安阳实验小学的实际情况，我们对课表进行了改革，推出了"三张课表"——常规课表、学期课表和班级课表。

一、常规课表

常规课表是为了遵循《义务教育课程方案（2022年版）》的"顶层设计"，相当于给改革划定了一个"框"。无论怎么变，小学阶段总课时数为6 020，一年级至二年级每周26课时、三年级至六年级每周30课时，这条底线不能动，否则就可能对基础教育课程体系产生整体性的认知偏差。

二、学期课表

在常规课表的"框"内，我们制定了学期课表。何谓学期课表？顾名思义，就是根据不同学段的特点，以一个学期为单位制定课表。相比常规课表，学期课表具有一定的灵活性，便于容纳校本课程。

以最富安阳实验小学特色的"项目化学习周"为例。

自2020年开始，我们每个学期都会辟出一周时间，作为"不上课，只学习"的项目化学习周。其间，全校根据学段特点，打破学科壁垒，师生们跨学科参与一个主题研究，并展示项目研究成果。由于不同学段的主题不一样、不同项目耗时也不一样，这都需要学期课表来统筹安排。

此外，安阳实验小学还为孩子们设置了丰富多彩的学习活动，如读书节、艺术节、科技节、体育节，这些也需要通过学期课表来安排。

三、班级课表

基于学期课表，班主任还要为自己的班级量身定制班级课表。

举个例子。2022年秋，安阳实验小学根据教育部关于劳动教育的要求，梳理了浙江省教育厅教研室编劳动教材内容，形成学校劳动课程体系，劳动课程尝试模块化、学科融合，并开设劳动周。于是按照学期课表，每个学期，三年级至六年级的学生都要以班级为单位，轮流参加一周的劳动。这段时间，学生上午都是"只劳动，不上课"。具体如何安排劳动任务、分配劳动时间，需要班主任合理设计。

同时，为贯彻落实《义务教育课程方案（2022年版）》关于"地方课程和校本课程对国家课程进行必要拓展和有益补充"的要求，学校创建了博物馆、昆虫馆、中草药园等 30 多个新型活动场馆,结合虚拟现实场景创设,打造线上+线下全息网络学习空间。班主任规划班级课表时,也把这部分内容考虑进去。

在三张课表的引领下,安阳实验小学的课程迸发出巨大的活力与创造力。教师和学生都挣脱了传统课表的束缚,通过参与、体验、探究和实践等多种方式,让学习变得更加生动有趣,更加贴近生活,也更加富有成效。

正如季节的交替推动大自然循环往复,这三张课表如同四季轮转,精心安排着孩子们的学习节奏。它们规范了教学时间,更播撒了智慧的种子,引领孩子飞向更加辽阔的天地。

第三节
三种课型：创新引领成长，课型塑造未来

经常有教育界同行和媒体记者对我说：你们安阳实验小学不是一所"一般的学校"。一般学校，一节课总是标标准准的 40 分钟，而在安阳实验小学，一节课可以短至 15 分钟，也可以长至 90 分钟，简直是"颠覆认知"。

更令人意想不到的是，小学生竟然可以像大学生那样自由选课，并加入社团。我们研发了 80 多门拓展性课程，包括美术、击剑、篮球、拉丁舞、昆虫养殖、"米格"种植等。学校还开设了各式各样的社团，新闻社团、美食社团、模联社团、乐思趣玩社团……足以满足不同学生的多元化偏好。

在安阳实验小学，孩子们总是忙碌并快乐着——忙着选课、选社团，快乐地上课、参加社团活动。寂静的校园、沉默的课堂，在安阳实验小学是不存在的。

于是大家都很好奇：你们是怎么做到的？其实并没有什么秘诀，无非是"尊重"二字。我们尊重儿童的天性，相信每个孩子都是独一无二的，有着不可替代的热情和才华。我们要做的，是为孩子提供广泛的课程选择和社团活动，让孩子有机会发掘自身潜能、发展个人特长。这也是"尊重教育"理念的应有之义。

为了把理念落到实处，我们积极探索，在更新课表的同时，也开发新课型。所谓课型，指根据教学任务划分出来的课堂教学的类型。一节课中，主要的教学活动方式是什么，这节课就被称作什么课型。通常有三类划分法：

第一类：按照教学任务，分为新授课、练习课、复习课、实验课、讲评课等。

第二类：按照一节课的教学容量，分为大课、小课等。

第三类：按照教学进度，分为单元课、课时课等。

以上这三类划分各有侧重、各有所长，因此我们取其精华，同时依据《义务教育课程方案（2022 年版）》的要求，结合自身情况，最终开发出三种课型，即走班课、大

小课、长短课。

一、走班课

我们将浙江省的拓展性课程(地方课程)和国家要求的课后托管服务相结合,打造"四尚"课后托管服务课程,总计推出了86门课,供学生自主选择(如表5-3)。

表5-3 瑞安市安阳实验小学"四尚"课后托管服务课程(部分)

类 别	内 容
尚真课程(会创新) 求真智慧,培养聪明的脑	乐高课程、3D打印、电脑编程、电脑绘画、爬虫课程、机器人编程、围棋、五子棋、中国象棋、国际象棋、创意手工、七巧板、立体造型、蝴蝶养殖、面包虫养殖、绿青蛙养殖、中草药种植、铁皮石斛种植、岭下种植、大棚种植、"米格"种植、思维冲浪、速算24
尚善课程(会合作) 善良情趣,培养温暖的心	校队:U8男篮、U10男篮、U8女篮、U10女篮 　　　U8男乒、U10男乒、U8女乒、U10女乒 　　　男排、女排、田径(男/女)、足球(男/女) 　　　击剑、舞蹈、童声合唱(中/高)、轮滑(低/中)
尚美课程(会审美) 审美雅趣,培养博雅的艺	拉丁舞、民族舞、啦啦操、硬笔书法、软笔书法、篆刻、剪纸、水粉画、国画、纸艺、超轻黏土、非物质文化遗产、古筝、陶笛、葫芦丝、电子琴、竖笛、口风琴、声乐
尚乐课程(会生活) 健康乐趣,培养健乐的身	美食制作、插花艺术、针织、足球、击剑、篮球、足球、网球、乒乓球、羽毛球、轮滑、电脑绘画、书与影视、心情渡口、与经典有约、光影梦工厂、演讲与口才、摄影、小古文诵读、小古文赏析、童音童声、主持表演特训营

于是出现了这样的场景:放学铃响起后,学生们纷纷走出班级,参加各自的拓展课,与志同道合者展开新的学习旅程。

收获是颇丰的。通过走班课,不少同学发现了成长的"第二曲线",在体育、音乐、手工、编程等领域展现出了连自己都未曾意识到的潜能。我校的男篮和女篮,在市级比赛中连创佳绩;我校的拉丁舞代表队,在瑞安市中小学生体育节首届拉丁舞比赛中,以总分168分获得团体第一名的好成绩;还有的孩子,在电脑绘画、国画、立体造型等拓展课上大放异彩……

走班课一方面给予儿童自由翱翔的空间,另一方面打破了固定班级制,促进了学生的交流。师资方面,我们引进非学科类校外培训机构或社会专业人士等第三方力量,充实课后服务。这又突破了校园的围墙的限制。

可以说,走班课让校内外的资源"走"了起来,也让校园的空气"活"了起来。

二、大小课

根据《义务教育课程方案(2022 年版)》,书法被正式纳入语文教学,三年级至六年级,每周要安排 1 课时书法教学。以前书法属于美术课,是美术老师教的,现在被纳入语文课,给语文老师带来了很大挑战。大家纷纷表示为难。

有问题就解决问题,这是我一贯的风格。我们设置了书法大小课。小课仍旧由语文老师担纲,每周安排 1 节,时间为 35 分钟。同时,每月邀请温州等地的知名书法家,给全体学生上大课。请来书法家不容易,如果也只讲半小时,岂不太浪费了? 所以一节大课的时间为 60 分钟。这样,书法家才能把知识点讲深、讲透。

事实证明这样做效果很好。中国书法家协会会员、温州市书法家协会理事、瑞安市书法家协会副主席陈千亮多次来到学校上书法大课。他从汉字的起源讲起,向学生介绍结绳记事、仓颉造字,再借助软笔书法作品,重点介绍了"篆隶草楷行"五体书的演变过程,让学生在欣赏书法作品的过程中了解各种字体的特点。60 分钟的大课,学生们聚精会神,听得津津有味(如图 5-1 所示)。

图 5-1　书法名家陈千亮在上书法大课

三、长短课

《义务教育课程方案(2022年版)》要求一年级至二年级每周26课时、三年级至六年级每周30课时,每课时按40分钟计算。换言之,只要平均下来每节课达到40分钟即可,具体一节课多长时间,有上下调配的幅度。

这给了学校一定的自由裁量权,有利于校本课程的开展。比如,作为项目化学习的重要部分,安阳实验小学每个学期都有劳动周,其间,学生上午只劳动、不上课。由于在劳动周集中劳动过了,每周的劳动课课时就可以相应缩减。我们把它设置成15分钟,学生可以通过打扫教室、校园拔草等形式开展劳动。

如有必要,课时也可延长。例如,语文的单元习作课,我们感到40分钟短了些,就设定为50分钟。前20分钟由教师讲解写作要领,然后留出30分钟,让学生写一个小片段,我们称之为"片段教学",效果很好。

创新引领成长,课型塑造未来。通过三种课型的创新,安阳实验小学不仅满足了《义务教育课程方案(2022年版)》的要求,更在实际操作中体现了对儿童成长需求的深刻理解和尊重。三种课型不仅让学生们在学习中找到了乐趣,也极大地激发了他们学习的兴趣和潜力。

第四节
三化设计：实践"五育并举"，促进"五育融合"

有了"三张课表"和"三种课型"的"加持"，安阳实验小学的课程改革可谓如虎添翼。精心设计的课表，确保学生能接触广泛的学科领域，促进全面发展；分门别类的课型，提升了学生主动学习和创新的能力。这样的课程改革，有助于培养学生成为具有批判性思维和问题解决能力的学习者。

但是，我们并未止步于此，而是再接再厉，进一步优化课程结构，提高教学效率和质量。具体成果，就是提出了整合化、模块化、校本化的"三化设计"理念。

一、整合化

教育部强调"五育并举"，教育界风行"五育融合"，我们的理解，是把德智体美劳"五育"融入学校的课程和教育教学活动中，将"单弦独奏"升华为"管弦合奏"，使"五育"相互渗透，从而促进学生的全面发展。这是新时代立德树人工程的重大课题，也是课程改革的重要内容。

问题是如何并举、怎样融合？我们的方案是：以劳育为切入点，通过劳育与德育的有机融合，推动"五育"的整合发展。

之所以做出这样的安排，是因为我们注意到，浙江版《劳动》教材第一、第二单元的内容，与部编版《道德与法治》的第一单元重合，这实际上为劳育和德育相融合提供了契机。进一步拓展思路，美术课里的"手工"板块，是通过手眼脑协调并用，锻炼孩子的实践能力，这也可以和劳动课结合。

经过一番穿针引线，我们打破了课与课之间相互"割裂"的现状，使其自然地连接为可互动、可融合的动态整体。

二、模块化

俗话说"术业有专攻"，因此，整合化并不是要把教师变成无所不知的"全能型战士",这是不现实的,也是违反"整体设计,协同育人"原则的。因此,我们在进行整合化的同时,配套以模块化。一方面,教师团队要做好课程总体设计,另一方面,各科教师集体备课、协同教研、分工协作,形成各具特色的教学风格,不断提升教学质量和教学效果。

具体做法是,劳动课的总体设计仍旧由劳动教师担纲,其中,涉及德育的部分请德育教师负责,涉及美育的部分请美术教师负责,以此类推。这样的模块化设计,既保证了教学的专业性和高效性,又能够充分发挥每位教师的特长,共同为学生的成长助力。

三、校本化

按照教育部的要求,课程设置应当以国家课程为主,地方课程、校本课程为辅。其意在根据地方特点和学校实际情况,开设一些特色课程,培养学生的兴趣爱好,丰富学生的课外活动,进而推动"五育并举""五育融合"。

据此,安阳实验小学研发了具有温州本土特色的地方课程和具有学校特色的校本课程。比如,我们开发了美食课程,带领孩子品尝和制作温州当地的美食,体验"家乡的味道"。我们有专门的种植园,并基于此开发的林下种植,不仅让孩子们学习种蚕豆、西红柿、凤仙花等,还种植温州本地的中草药。

凡此种种,都能与劳动课相结合。比方说,林下中草药种植本身就具备劳动属性。这也是对"五育并举""五育融合"的深入实践。

实践"五育并举",促进"五育融合"。整合化、模块化、校本化的"三化设计"为课程改革奠定了更为坚实的基础,使安阳实验小学的教育改革更加充满灵活性和创新力。

第五节
"小鬼"当家：在劳动实践中重塑价值观

在安阳实验小学的课程改革过程中，"小鬼当家"劳动课程可以说是亮点中的亮点。它不仅受到学生的欢迎、家长的赞誉，还被列入浙江省精品课程，成为范本。而这门课程的研发，一定程度上源于我对劳动的"执念"。

"离开劳动，不可能有真正的教育。"这是苏联教育家苏霍姆林斯基的金句，影响了一代又一代教育工作者。在他一手创办的帕夫雷什中学，劳动教育的思想已然渗透日常教学活动的方方面面。

"当孩子跨进校门，便会处在各种创造性劳动气氛之中，我们没有一个学生不在某个技术小组或农业小组里劳动的。"苏霍姆林斯基这样写道。劳动教育的内容涵盖工农业生产各领域，从手工艺制作到大机器的操作和制造，从捡麦穗到开垦试验田和果园，种类繁多，获得的劳动成果形式多样。

在苏霍姆林斯基的努力下，帕夫雷什中学以独具特色的劳动教育享誉世界。至今，还有不少人前往帕夫雷什中学"取经"。

我是在求学阶段了解到苏霍姆林斯基关于劳动教育的理念和实践的。对出身乡村，从小跟着父母劳作的我来说，这些理念熟悉而亲切。同时我也深感劳动对我性格和能力塑造起到了积极的作用。等踏上教师岗位，分管德育工作后，我更加感到劳动的必要性。我也想效仿苏霍姆林斯基。

理想固然丰满，现实却很骨感，因为我发现，实施劳动教育颇为困难。现在的学生大多是独生子女，在家里都是"小公主""小王子"，衣来伸手，饭来张口，常常连简单的家务都不做，普遍缺乏劳动技能和生活常识。学校虽然设有劳动教育方面的课程，但是一般由德育处联系校外实践基地开展，往往一学期学生才体验一次，浅尝辄止，效果可想而知。

我为此深感焦虑：难道我们要眼睁睁地看着下一代成为"四体不勤，五谷不分"的人吗？趁着课程改革的契机，我与张碎莲副校长商量，有没有可能以劳动课为抓手,打造一门精品课程?

张碎莲副校长建议从食堂入手。事情的缘起是这样的。作为分管后勤的副校长,张碎莲经常收到食堂阿姨的抱怨,说学生不珍惜粮食、不注意卫生,每次用完餐,食堂里一片狼藉,看着糟心。张碎莲副校长提出,组织学生去食堂劳动,亲身体验食堂阿姨的辛苦,懂得"一米一粟皆来之不易"的道理。

我觉得这是一个不错的切入点,让张碎莲副校长放手去做,学校会全力支持。于是,"小鬼当家"课程应运而生。

首先,学校发起"小鬼当家"志愿者项目,并制定活动方案,设立"小鬼当家"工作室,设计 LOGO、服装、评价证书,并结合德育处星级少年评比,在四年级、五年级的 16 个班级每班推选出 16 名志愿者。

张碎莲副校长对 256 名志愿者进行了细致的"岗前培训"。第一天、第二天,志愿者跟随食堂阿姨学习打菜,第三天正式上岗,为全校 3 000 名师生服务。

"刚开始打菜的时候学生手忙脚乱,有把菜打到盆外的,也有因分菜不均起争执的,闹出不少笑话。不过慢慢就熟练了,现在,学生们的打菜手法丝毫不逊于食堂阿姨。"张碎莲副校长欣慰地说。

从打菜起步,"小鬼"们又掌握了洗菜、烧菜、分水果、分餐盘等各个环节的工作流程。一大早"小鬼"们就忙碌起来,到了饭点,食堂人头攒动,只见每 5 名"小鬼"为一组,站成一排,互相接龙将一份份菜肴递到就餐师生手中。

紧凑的节奏让"小鬼"们对食堂职工的辛苦付出有了更深理解,多了份感恩之心,挑食、浪费等现象大为减少。周晓依同学说:"我知道了食堂阿姨的辛苦。当家,真不是件容易的事啊!"张礼晔同学则认识到了团队合作的意义:"我们既要紧密团结,又要分工协作,否则连分菜都分不好。"

所谓举一反三,当过志愿者的"小鬼"回家后主动做起了家务。家长向学校反映:"孩子比以前懂事多了,学会心疼爸妈、分担辛苦了。"

正向反馈让学生的热情水涨船高,人人争当志愿者。学校也在课表和课型等方面给予全力支持。比如,四年级、五年级将"小鬼当家"课程整合进了班级课表中、学期课表,课型方面,通过大小课、长短课等来调适。

学校还推出了考查机制:在每个班级一周工作结束后,对"小鬼"的服务态度、服务质量、到岗情况、同伴互助等情况开展评价,通过自评、互评、食堂员工评的方式,评选出"大当家"和"小当家"。凡是获选"大当家"的学生,下学期自动入选志愿者队伍,并能获得校长亲自颁发的荣誉证书。

　　"小鬼当家"劳动课程让每一名学生将所学知识与实际情境紧密结合,实现了跨学科的综合实践。进而言之,通过课程改革,让每个孩子在实践中成为知识的探索者、技能的习得者和价值观的塑造者,这正是课程改革要达成的目标。

第六章

理想校园是博物馆的模样
——学校空间的重塑与再生

在教育改革中，学校空间往往是被忽略的。这一方面当然有客观条件的限制，改变和调整空间需要投入精力和经费，令很多学校望而却步。另一方面，也是观念使然——包括教师在内的很多人，都没有真正认识到空间的重要性。

但瑞安市安阳实验小学是个例外。我们很早就认识到学校空间对于在其中学习和生活的孩子具有极为重要的意义。也因此，我们一直致力于对学校空间进行改造乃至重构。我们建立起"博物馆群落"，打造了"魔法小城堡"，通过营建自然环境、创造花园学校、培育科学精神，为"城市小农夫""护花小使者"和"少年科学家"提供了茁壮成长的适宜土壤。

第一节
重构学校空间：当校园变身"博物馆群落"

我有一个梦想，梦想有一天校园"长"成博物馆的模样。

梦想来源于理念。我素来认为，学校不能仅仅由一幢幢教学楼"拼装"而成，那太单调、太静态了。校园不仅是开展教育教学活动的物理空间，更是孩子们学习、生活、成长的重要载体，因此，校园的设计、布局和陈设都应该以儿童为中心，才能让儿童天性得以发挥。从这个角度说，传统的校园规划就有些落伍了。

以我造访过的一所外省学校来说吧。该校环境不错，漫步于春天的校园，树木葱郁、鸟语花香，给人以心旷神怡之感。然而令我不解的是，校方竟以"爱护花草"为由，完全禁止学生在草坪上追逐嬉闹。爱护花草当然是应该的，也是必要的，但不分时间和场合一刀切式地管理，这就做过了头。在我看来，在维护校园整体环境的前提下，是应该辟出相应区域，给孩子"撒欢"的自由的。

我不禁想起苏联教育家苏霍姆林斯基的一则轶事。

有天早晨，苏霍姆林斯基在校园散步，看到一个小女孩从花房里摘了朵玫瑰花正往外走。苏霍姆林斯基没有责怪她，而是俯下身，亲切地询问缘由。小女孩害羞地说："奶奶病得很重，我告诉她学校里有一朵大玫瑰花，她不相信，我现在摘下来送给她，奶奶看过我就把花送回来。"听毕，苏霍姆林斯基挽起小女孩走进花房，又摘了两朵玫瑰花，并温柔地说："这一朵是给你的，你是一个懂得爱的孩子；这一朵是送给你妈妈的，感谢她养育了你这样的好孩子。"

这个故事给我的心灵带来了启迪。首先，学校辟有花房，这该是多么受孩子喜爱的地方啊！其次，对小女孩的摘花之举，苏霍姆林斯基没有斥责，而是先探明原因后将人性放在了首位。这表明，学校空间以及空间里的陈设是为孩子而设、为孩子服务的，孩子的需求才是重点。那种以"爱护环境"之名限制学生自由行动的做法不值得提倡。更有甚者，现在一些学校出于安全考虑，到处架设防护网，对学生的监管过于严格，这就更不可取了。

在我看来,学校应该是一个丰富多彩的博物馆,是随时随地可以发生学习行为的场域。换言之,整个校园就是一个新型的学习空间,学习不只是发生在课堂上,而是能在各个角落落地生根、自在生长。

在安阳实验小学担任校长期间,我终于让梦想变成了现实。

作为一座创建于 21 世纪初的新学校,安阳实验小学本身就有着极强的可塑性。特别是其超过 70 亩(约 47 000 平方米)的占地面积,意味着学校拥有足够的腾挪空间。为此,我们以"科学"为主轴,配以"人文"和"童趣",将校园重构为六大主题功能区——体验区、体育区、艺术区、农耕区、自然认知区、阅读区(如图 6‑1、图 6‑2 所示):

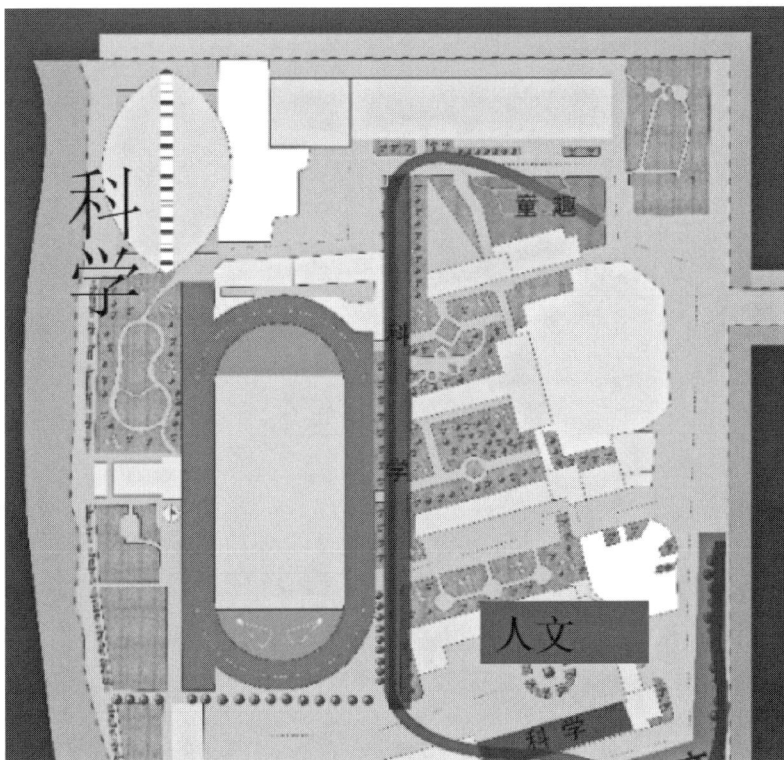

图 6‑1　一条重点轴线:人文、科学、童趣

每一个主题功能区,我们都设置相应的空间,总数超过 30 个,包括果园、萌宠馆、种植园、星球馆、蝴蝶园、两栖爬行生态馆……整个安阳实验小学就如同博物馆群落,一草一木、一事一物都是学习资源,孩子们不用出校园就可以与大自然亲密

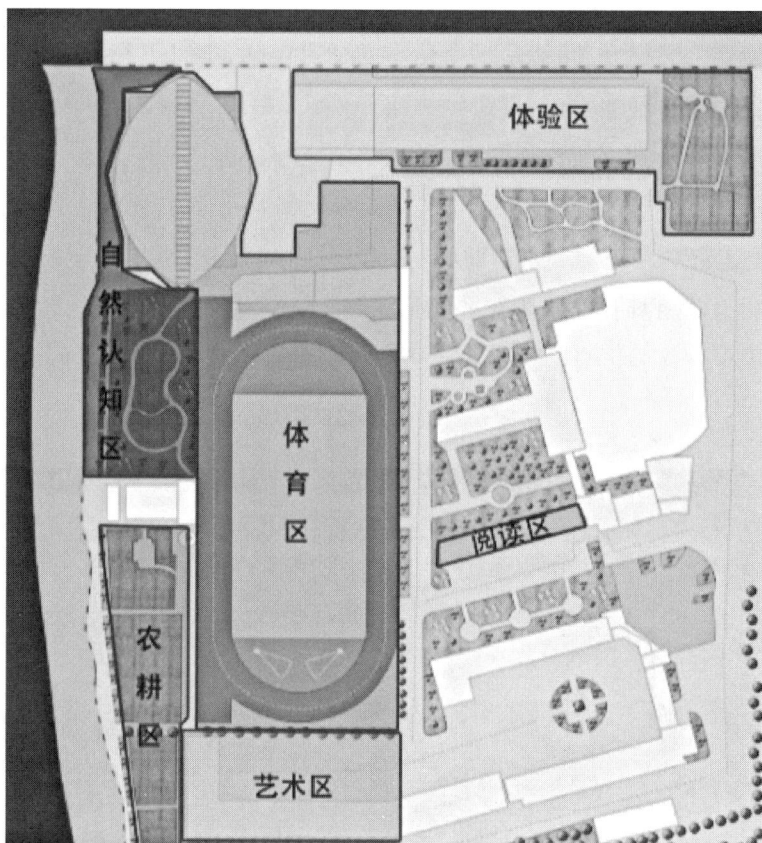

图6-2 六大主题功能分区

接触,见证万物生长,唤醒心中的梦想。

每逢萌宠馆的开放时间,这里人头攒动,孩子们和小动物直接交流,实现撸猫、喂兔自由;另一群孩子利用午休时间,收集落叶制作堆肥,去果园给果树施肥;植物园的"米格"菜园,又迎来了一季的丰收,捧着自己精心培育出的蚕豆、黄瓜、南瓜、西红柿,孩子们乐开了花……

校史馆、书画展览馆、小邮局、小银行、节水资源馆,同样是孩子们的心头好。其中,节水资源馆是浙江省节水教育基地,馆内配备了先进的设施设备,通过技术赋能让孩子们拥有沉浸式的互动体验。"水的世界"项目化学习就在这里开展。我们甚至在食堂旁边增设了书架,让孩子们在享受美食的同时,也可享用精神大餐。

　　除了有形的场馆，我们还运用技术手段创建虚拟现实场景，将有限的物理空间进一步扩展。例如，教师利用学校博物馆的多媒体系统连接世界各大博物馆的学习资源，利用校园萌宠馆、蝴蝶园、昆虫馆的摄像头连接手机 APP 中的虚拟学习内容等，真正实现"让世界成为学生的教科书"。

　　我们还着力为学生创设放松心灵、舒缓压力的空间，于是有了驻校社工站、心理辅导中心、沙盘室、突发奇想涂鸦室、音乐冥想静心阁……这些不同类型的心灵空间，可以为有不同需求的孩子提供多样化的心理援助。

　　通过重构学校空间，校园成为充满活力、包容性和创新精神的学习生态系统。在这里，每个孩子都能找到属于自己的空间，从而激发好奇心、创造力和同理心，发挥潜能。我相信，随着更多的教育工作者认识到学校空间的重要性，校园空间改革也会被提上议事日程，越来越多的校园将变身为"博物馆群落"。这不仅是我们的教育愿景，也是对每位学生的承诺。

第二节
回应儿童需求：让校园成为"魔法小城堡"

在过去二十多年间，伴随国家大力推进基础设施建设，众多新学校如雨后春笋般涌现，老学校也纷纷改造，旧貌换新颜。新校园有气派的教学楼、宽阔的操场、齐全的功能区以及崭新的教学设备，软硬件皆属一流。然而，当我漫步其中，却总感觉似乎缺失了某些东西。用网络流行语来说，这样的校园似乎缺少了那么一点儿"灵魂"。

直至有一天，我聆听了著名建筑师、中国中建设计研究院总建筑师袁野有关"教育空间"的演讲，这才如梦初醒，洞悉问题的关键所在。

袁野指出，校园里应当存在一些诸如灵感、魔法、着迷、神圣、寂静之类对孩子成长至关重要的"精神性元素"，并且这些元素要在幼儿园、小学和中学的校园空间设计中予以体现。"所以，当我设计教育空间时，首先思考的并非它容纳何种功能，而是这个空间能否刺激孩子，逐步感化并引导他，让他将天赋充分施展出来。"在袁野看来，学校并非单纯的教育机构，学校空间构建的不只是物质环境，更是能够影响灵魂成长的精神环境。

袁野的这番话宛如空谷足音，深得我心。我的理解是，重构学校空间，绝不能是教育者的"拍脑袋"之举，而是要立足于儿童的立场，充分考虑儿童的需求。

我们确是如此想的，也是这般做的。实际上，安阳实验小学的 30 多个场馆，大多都源自孩子的主动提议，例如萌宠馆。

2021 年上半年，钟芷荧同学的父亲送给她一只萌态十足的蓝猫。芷荧对其喜爱至极，为它取名"福来"，恨不能整日与它相伴。转瞬到了下半年，芷荧升入六年级，正值"小升初"的关键阶段，父母担忧她因福来分心，建议她将福来送人。芷荧自是万分不舍。她灵机一动：学校的两栖爬行馆不是接收学生捐赠的蜥蜴等爬行动物吗，那能否破例收养蓝猫呢？

芷荧刚道出自己的诉求，就获得了积极的响应，不少同学都表达了相似的愿望。望着孩子们热切的目光,我们当即拍板,不仅收养福来,还要专门开辟一个萌宠馆。消息一经公布,孩子们欢呼雀跃,校园的欢乐气氛瞬间拉满。

由于众人齐心,萌宠馆很快建成,福来顺理成章地成为馆内的首位"住户"。紧接着,同学们或捐赠或寄养,兔子、鸭子、鸡、鸽子等纷纷入驻,萌宠馆的"常住居民"数量常年保持在二三十只。

每周一、周三、周五的中午是萌宠馆的固定开放时间,孩子们来此实现撸猫、喂兔的自由。在与小动物的接触中,孩子们会发现问题、探究问题、寻觅答案。有一次,一只白兔产下一只"黑宝宝",这激起了同学们强烈的好奇心,他们跑去请教科学老师。老师借机引导,开展了一场项目化学习。

如同滚雪球一般,萌宠馆的名声愈发响亮,成为学校一道独特的风景。瑞安市的一位幼儿园园长从一家饭店救下一只绵羊,取名"小绵",养在幼儿园里。来安阳实验小学参观后,园长发现我们竟有萌宠馆,认为此处环境更佳,就把小绵送了过来。

翰林昆虫馆同样是应学生需求创建的。

陈靖翰、林宗翰两位同学痴迷于昆虫研究,在"与校长共进午餐"的活动中,他们向我提议,想要打造一个昆虫馆。实际上,像他们这般对昆虫感兴趣的同学不在少数,一些学生对昆虫的研究深度甚至超越了老师。倘若把同学们各自饲养的昆虫汇集起来,让他们通过自主规划、自主管理、自主观察,培养综合实践能力,同时结合课本知识,让他们对昆虫有更深刻的了解,这对他们来说是很有意义的。因而,我欣然应允了陈靖翰、林宗翰的诉求。

通过家校合作的方式,翰林昆虫馆应运而生。"翰林"二字,取自提议者陈靖翰、林宗翰的姓名,以示鼓励;同时,也蕴含着我们美好的期许——古代的翰林们拥有卓越的才华和学识,或许,未来的昆虫学家就是从这座小小的昆虫馆走出的呢?

如今,陈靖翰、林宗翰早已毕业,在重点高中求学。他们在昆虫领域的发现荣获了省级荣誉。他们发起创建的翰林昆虫馆依旧在发挥作用,影响着一批又一批热爱自然的学子。

除了萌宠馆和翰林昆虫馆,我们还依照学生的需求,打造了两个"星球馆",供孩子们展示自我、发现自我。比如让他们在星球馆中举办一场画展、开一次演唱会;在星球馆中打造棋社和桌游社,让孩子拥有休闲娱乐的场所……

我想,我们一直在践行袁野的主张:通过重构学校空间,为孩子们打造一个充满灵感的"魔法小城堡"。他们在城堡中焕发热情、激发灵感,尽情挥洒创造力和想象力,充分挖掘自身的潜能。难怪从安阳实验小学走出的毕业生,都对这里依依不舍。母校的每一个角落,皆是成长过程中最美好的回忆。

我始终坚信,每个孩子都是一颗独特的星星,拥有自身独特的光芒,只要有适合的契机,就能照亮属于他们自己的那片天空。教育者所要做的,就是不断丰富和完善教育空间,助力孩子们放飞梦想,飞往他的山。

第三节
开展自然教育：解放天性的"城市小农夫"

前文曾提及,18 世纪法国思想家卢梭是我的精神导师之一。他的自然主义教育观对我的影响极其深远,他的教育小说《爱弥儿》更是我的"教育宝典"。

卢梭反对用严苛的纪律压抑儿童的个性、束缚儿童的自由,而是主张遵从儿童的天性,让儿童能够完全自由地活动。为此,需要为儿童营造自然的环境。在《爱弥儿》中,爱弥儿不像普通儿童那样,被束缚着,他早早被送去乡村,过着自由自在、无忧无虑的生活。放到如今,很多家长可能无法接受这种"放养式育儿",唯恐孩子输在起跑线上。然而卢梭却郑重地写道:"最重要的法则:不仅不应当争取时间,而且还必须把时间白白地放过去。"

真的是"白白地放过去"吗？当然不是！实际上,奔跑使爱弥儿的双腿变得强健,呐喊让他的嗓音变得洪亮,自然、自由让他远离偏见与虚伪。自然的教育,将爱弥儿培育成了一个健康活泼、充满想象力的可爱孩童。

每每翻阅《爱弥儿》,我都不禁心生向往,渴望培育出一个个"爱弥儿"来。那么,按照卢梭的理念,首先要营造自然的环境。但在城市中,这谈何容易?

说起来,我还真有些怀念初创时期的安阳实验小学。前面章节提到了一个"拔萝卜事件":有一次放学路上,罗同学拔了农民伯伯地里的萝卜,引发了一场不大不小的风波。时任校长的陈钱林以此为契机,掀起了一股"尊重教育"理念的旋风。话说回来,从学校到家这短短一段路程上有萝卜地,可见当时的校园与农田相邻。而罗同学顺手拔萝卜,说明他对田园并不陌生。这是最棒的"自然教育"。然而时过境迁,安阳实验小学所在的安阳街道已然变成了热闹的街市,再也不见田园风光。

这或许是发展的代价,总让我深感遗憾。既然外部的大环境不复存在,那我们就创造内部的小环境。于是在重构学校空间时,我特意将校园西南面、紧邻塘河的区域开辟为植物园,占地达 6 亩,约 4 000 平方米。

　　植物园内划分有农作物种植、植物观赏、小动物饲养、昆虫研究等场馆,深受孩子们喜爱的萌宠馆、翰林昆虫馆也是植物园的组成部分。

　　植物园里还有中草药园。孩子们徜徉其间,一边闻着花香、识别草药,一边聆听教师讲述华佗、张仲景、李时珍等古代名医的事迹。孩子们还在种植园专职园艺师盖叶彬老师的指导下栽种铁皮石斛,体验铁皮石斛活体仿野生种植。

　　"米格"种植更是孩子们的心头好。所谓"米格"种植,就是在一块地上划出若干块 1 平方米左右的方格,让同学来认领,种上他们喜欢的植物。每年春季,学校公众号刚发布"米格"菜园种植抢选通知,150 个"米格"瞬间就会被"一抢而空"。幸运抢到"米格"的同学们 2~3 人为小组,从培土、播种到养护、收获,全程参与、全程管理、全程负责。

　　很快,种植园成了安阳实验小学师生们上科学课的"自然课堂"。课间休息时,不少孩子还会跑到种植园为自己种的农作物浇水、施肥、搭雨棚、修枝除草,还会抓蚂蚁、挖蚯蚓、找天牛……

　　就这样,一届又一届的学生化身"城市小农夫",解放了天性,亲手触摸大自然的神奇,见证万物生长的奥秘。我认为,孩子们在植物园里的收获,并不亚于坐在封闭教室里学习书本知识的收获。因为他们不仅学到了知识,更培养了吃苦耐劳、勤奋专注的良好品质。在教育中,还有比这更出色的德育课吗?

　　在城市的一角,孩子们于自然与学问的交汇之处寻得了一片独特的天地。他们无法像卢梭笔下的爱弥儿那样,拥抱整个乡村的自然景观,但在植物园里,他们同样能够触摸大自然的脉搏,感受生命的律动,反思自我的成长。

　　每当看到孩子们在校园的这个绿色角落追逐、探索,我仿佛看到一个个"爱弥儿"在自然的怀抱中茁壮成长,心灵与身体都得到滋养。他们不仅会成为热爱生活、敬畏自然、身心和谐、人格健全的人,还会成长为知识渊博的学者。这是一种教育实践,也是一种生活态度的传承,是对卢梭教育理念的现代诠释。

　　追根溯源,我们之所以能够在寸土寸金的闹市区开辟出如此广阔的一片种植园,这要归功于安阳实验小学的第一任校长——阮爱华。在学校规划建设的初期,阮爱华校长就坚决留出 6 亩地,作为学生拓展教育的科教用地。这为我们开展自然教育创造了条件。

　　吃水不忘挖井人,安阳实验小学的师生们感激这位高瞻远瞩的老校长。阮爱华校长的远见为学校留存了一片绿色的教育天地,也在孩子们的心田播下了一颗颗充满生机的种子。桃李不言,下自成蹊。我想,教育的魅力正在于此。"尊重教育"理念的精髓内涵与影响力也体现于此,这种无序之美恰好为学校教育增添了灵动的自由,让儿童的成长不再受到束缚。

第四节
创造花园学校：守护校园的"护花小使者"

美丽的安阳实小，小鸟儿欢乐歌唱。

阳光洒满童话世界，绿树环绕科学乐园。

春华秋实禾苗苗壮，红领巾在胸前飘扬。

迷人的安阳实小，小伙伴书声琅琅。

学习求真、做人求善，言行求美、性格求乐。

我们就是祖国的花朵，幸福在心中荡漾。

亲爱的安阳实小，老师的教导难忘。

充满自信、心怀感恩，勤奋好学、铭记责任。

我们今天桃李芬芳，明天是社会的栋梁。

这首《放飞童心》，乃是安阳实验小学的校歌，每一位安阳实验小学学子皆会吟唱。无论是否毕业，亦无论身处何方，每当唱响此歌，欢快的鸟儿、和煦的阳光、环绕的绿树、苗壮的禾苗……一幅幅画面便会浮现在眼前，将人带回那美丽的校园。众多"安小人"已踏入社会多年，却依然对校歌记忆犹新。

说起来，这首《放飞童心》凝聚了"安小人"的集体智慧。

那是在 2004 年，一名学生给时任校长陈钱林写信："校长，我们学校如此之好，怎能没有属于自己的校歌呢？"陈钱林校长认为此建议甚佳，遂召集全体教师创作歌词，他本人也亲自动笔，写下了其中的三段。歌词定稿后，音乐教研组长程晓敏肩负起谱曲的重任。连续数日，程晓敏老师犹如"着了魔"一般，沉浸于音符的世界之中，最终交出了一首动人的曲子。而后向全校师生征集歌名，最终选定《放飞童心》作为歌名！众人一致觉得此名富有童趣，又与歌词的意境相契合，用作歌名甚是恰当。

《放飞童心》一经发布便深受师生喜爱，至今已传唱二十余年。当然，它也在无形之中给了我们诸多"压力"。因为这首歌营造了一个洒满阳光、绿树成荫、鸟儿欢唱、红领巾飘扬的乐园，孩子们在这里学习知识、学习做人，心中满是幸福感。这歌词既是对孩子的承诺，也是对教育工作者的鞭策，更是对"让教师品味精彩人生，让孩子拥有幸福童年"这一办学目标与愿景的生动践行。

为此，在重构空间时我们致力于打造"花园学校"，让祖国的花朵于花园中尽情绽放。经过多年的努力，"花园学校"已然建成，充满蓬勃生机。

春夏之际，校园里郁郁葱葱、鸟鸣莺啼；深秋之时，桂花飘香、银杏金黄；隆冬时节，松柏、香樟依旧苍翠。有一年冬天，瑞安市竟罕见地下起了鹅毛大雪，校园银装素裹，宛如童话世界。孩子们难以抑制兴奋之情，纷纷奔入雪地，堆雪人、打雪仗，玩得兴高采烈。

值得一提的还有那棵合欢树，它是安阳实验小学的"元老"，自建校起就挺立在操场旁边。二十多年间，它已长成三四层楼那般高，树干粗壮，四五个孩子手拉手都难以围住。春天，它舒展着繁盛的枝叶，仿若一把绿绒大伞，孩子们在"伞"下看书、下棋、做游戏，到处充满欢声笑语，一片其乐融融的景象。

大家都喜爱这棵合欢树，有的孩子甚至将其视作知心好友，遭遇心事，便默默对着树洞倾诉祈祷……此时的合欢树，成了一位称职的"心理辅导员"。曾有人提议绕着大树建造一间书屋，配上暖色灯光，将它打造成安阳实验小学的打卡点，成为师生阅读的好去处与寄托心灵的精神家园。但因经费问题，这一愿望迟迟未能实现。

学生不仅是美好环境的受益者，更是营建者与爱护者。"尊重教育"理念提倡将课堂交还给学生，同理，也应把校园还给学生。学生才是校园的主体。"安小人"从入校之初，就会树立"校园是我们的家，大家都要爱护它"的意识。呵护、美化校园，是每一位"安小人"的责任。

我们还将爱护校园与项目化学习相结合，组织了"美化校园我行动，爱绿护绿我能行"的活动。此项活动由校大队部与校青少年事务社工站联合组织，并由儿童观察团实施。儿童观察团从儿童的视角出发，对校内绿化稀少的土地进行整体规划,探讨如何在合理利用每一寸土地的同时不破坏环境。

儿童观察团提出了以下五项建议:

(1)设置"草地保卫站",每块地由距离较近的中队管理,并对当月草坪保护工作完成最好的中队给予集体卡奖励。

(2)实行"种树计划",中队可以在绿化稀疏的土地上种植绿植,并认领该地,由中队进行管理和养护。

(3)制作有关"保护校园环境"的标语,放置在显眼的地方提醒队员们。

(4)大队部定期检查,并对各中队的养护情况进行评分和奖励。

(5)在被踏平的小路上铺上石子,周围种上小草。

为落实这些建议,第一批"护花小使者"应运而生。在2023年11月20日世界儿童日这天,大队部组织了一场隆重的授牌仪式,并邀请盖叶彬老师介绍三角梅的习性以及养护技巧。"护花小使者"代表潘罗正同学深有感触地说道:"作为'护花小使者',我们要提高保护花坛的意识,做到每天都有小分队对花坛进行管理,给校园增添亮丽的色彩。"

类似的活动不胜枚举,安阳实验小学成了名副其实的花园学校。这里是孩子求知的乐园,也是心灵成长的沃土。在这片充满生机与活力、洋溢着爱与希望的土地上,小天使们放飞童心、追逐梦想,开启广阔的人生篇章。

第五节
孕育科学之魂：见山是山的"少年科学家"

曾有人言，人生存在三重境界：

第一重境界：见山是山，见水是水；

第二重境界：见山不是山，见水不是水；

第三重境界：见山还是山，见水还是水。

年轻时读到这段话，只觉高深莫测，然而随着岁月的流逝和阅历的积淀，我渐渐领会到其中的深意。

尽管第一重和第三重境界在表述上基本一致，但两者所代表的认知层次却截然不同。最初的"见山是山，见水是水"，反映出观察者对自然界的直接观感，这属于一种质朴的经验性认知；而最终的"见山还是山，见水还是水"，则表明观察者在深入探究自然之后，对其本质有了通透的理解。这一认识上的跨越，得益于经历了第二重境界"见山不是山，见水不是水"的磨砺。这揭示了人类认识事物必然经历的"否定之否定"的复杂过程。唯有经历这般历程，我们方能触及事物的内核，进而推动自我的成长。

这一道理同样适用于自然主义教育。

在我看来，让孩子接触花草鸟兽，使他们发自内心地喜爱自然，这仅仅是自然教育的起始阶段，紧接着要激发孩子的兴趣，引领他们探索自然界的奥秘。孩子会发觉，世间万物远非表面呈现的那般简单，从花开花落至鱼跃鸟飞，从山雨欲来至云开雾散，大自然的万千变化皆有规律可循。一旦熟悉了这些规律，孩子眼中的山水就不再仅仅是物质的形态，而是充满生机、相互关联的生态系统。

当然，这对学校的空间设计提出了更高的要求——空间的功能不应局限于展示自然景观，更为关键的是，要为孩子探寻自然规律搭建平台。换句话说，学校空间既是充满灵感与魔法的博物馆，也是可供实践操作的科学实验室。

秉持这样的宗旨，我们对空间进行了进一步的整合，将萌宠馆、翰林昆虫馆、蝴蝶馆、两栖动物爬行馆、中草药园、"米格"菜园、生态温室、园艺角等统统纳入"红领巾农科院"。

在由盖叶彬老师负责的红领巾农科院中,孩子们可以一边观察、一边实践。孩子们在生态温室中见证植物生长的全过程,了解不同植物的生长条件和生态需求;在蝴蝶馆内观察蝴蝶从卵到成虫的变态过程,学习昆虫的生命周期发育规律;在中草药园里识别草药,熟悉它们在传统医学中的应用。

学校还与瑞安市水利局合作,于2021年3月22日,即第29届"世界水日"之际正式启动了节水资源馆。该馆分为"序厅""走进水的世界""感受水的危机""保护水的行动"四大展区,每个展区都设有集高科技、趣味性和科普性于一体的多媒体互动展示区,让孩子们在快乐中学习,在学习中受益,在受益中快乐,从小就知晓节约水资源的重要性,掌握节水的技巧。

效果可谓立竿见影。节水资源馆启动一个多月后,孩子们就将所学知识运用到了实践中。2021年的劳动节假期,在科学老师彭青青的组织下,孩子们做了充足的准备,带上显微镜、取水瓶、记录本、相机、采访提纲等,对家乡瑞安的水质状况展开了深入的调研,最终形成了考察报告。

可以说,安阳实验小学精心打造的科普空间,激发了孩子们对科学的好奇与探索欲望,正在孕育着一位位少年"科学家"。在这里,科学不再遥不可及,而是唾手可得,融入每个孩子的探索与成长里。他们学会观察星空,破解自然的密码,感受科学的魅力,在获取知识的同时,对待自然的态度也发生了根本性的转变。

动议学校创建昆虫馆的陈靖翰同学,如今在省重点高中就读,被评为科技创新之星,品学兼优,成了昆虫分类学的狂热爱好者。他曾跟随生物专家走过全国六个国家级自然保护区,一个国家级森林公园,足迹遍及中国所有热量带,探访了许多的昆虫生境,学到了众多昆虫分类知识。平常他也经常翻阅专业书刊,并进行昆虫标本的整理与制作。

2022年7月,陈靖翰在乌岩岭保护区外围采集到武夷巨腿螳雄性标本一枚。在查阅大量书籍,并与昆虫分类学专家研讨后得出初步结论,这极有可能是一个省级记录物种。

未来教育的本质在于探索多元可能。若干年后我们的学生中若真能走出一位昆虫学家,便是对学校教育最好的礼赞。

　　正如先人所描绘的人生三重境界,孩子们在学校的不同空间中,也经历了从直观感知到深刻理解,再到与自然和谐共处的过程。最终,他们不仅认识到了山依旧是那座山、水依旧是那片水,更明白了自身与这个世界的紧密关联,以及作为地球公民的责任和使命。这种教育方式既塑造了孩子正确的世界观,也为国家未来的可持续发展培养了宝贵的人才。

第七章

世界是孩子最好的教材
——打造"家庭+学校+社会"生态链

长期以来，人们习惯于筑起围墙，将校园与社会分隔开来。而当在"温室"里待久了的孩子被突然抛入社会，就会出现各种不适应的状况。有鉴于此，我们素来主张并实践着"开门办学"的理念，杜绝"高分低能"现象，力求让孩子成为品学兼优，且具有实干能力的人。

多年来，我们通过家校合作的方式，积极引入外部资源，为孩子创造更多接触社会、了解社会的机会。我们与银行合作，开展金融知识普及活动，让孩子们了解基本的理财观念；邀请社工进入校园，为孩子们提供心理辅导和社会实践的机会；我们也鼓励孩子们积极参与社区服务和公益活动，让他们亲身体验社会的温暖和关爱。

我们坚信，"开门办学"是培养孩子全面发展的重要途径。要打破学校与社会的界限，让孩子在实践中学习和成长，为未来走入社会奠定坚实的基础。

第一节

培养社会人：
坚持"开门办学"，拒绝"高分低能"

为人师者，大概都碰到过如下情形：

一些在教师和家长眼中成绩出色、乖巧听话的"好学生"，毕业步入社会，却无所适从，甚至屡屡遭遇挫折，沦为人们口中的"高分低能"之人。

对此，教育工作者有着重大责任。文化学者马未都曾"吐槽"，当下的家长，从孩子出生到上大学，一味地给孩子灌输各类知识，却忽略了磨炼孩子的品行，锻炼其社会适应能力，结果，培养出了"高分低能"的孩子。

马未都重点批评的是家庭教育，但在我看来，学校教育也有责任。

长期以来，学校形成了"闭门办学"的习惯，筑起高高的围墙，将校园与社会分隔开来。孩子走进校门，仿佛置身于"孤岛"，在教师的严格管教下，"两耳不闻窗外事，一心只读圣贤书"。一个在"孤岛"上待久了的人，倘若突然被抛入社会，可想而知，会出现各种不适应的状况。

实际上，并非只有"好学生""低能"。在师长们"除了学习，你什么都别管"的一次次叮嘱下，如今的孩子习惯了"与世隔绝"的生活，普遍欠缺社会经验，甚至连基本的生活技能都不具备。

回想我们的古人，绝非如此。

孔子曾言自己"吾少也贱，故多能鄙事"，意思是孔子因出身卑微，做过各种各样的活计，他也因此学会了众多技能。据说孔子擅长骑射，驾车技艺远超常人。他还表示"君子多乎哉，不多也"，意思是君子不会嫌自己掌握的技能多。

孔子也要求学生不可埋头苦读。孔门设有四科，德行科注重道德品行方面的学习，言语科侧重言语辞令方面的学习，政事科关乎政治才干方面的学习，文学科专注文献方面的学习。孔门弟子各有所好，但每一科的基本功都需掌握。孔子还鼓励弟子"多识于鸟兽草木之名"，做个博学广闻之人。

在孔子的培育下,孔门涌现出一大批人才,如子路、子贡、冉有、子夏等。他们绝非后人所想象的文弱书生模样,而是德才兼备、文武双全。

明代大儒王阳明亦是如此。他一方面精通儒学,提出了"致良知""知行合一"等哲学理念;另一方面擅长事功,为官一方,既剿灭盗贼、平定叛乱,也劝农励商、兴学育才,为国家的稳定和社会的发展作出贡献。

我们瑞安市的乡贤,晚清思想家、经学大师孙诒让先生,不仅倡导"学以致用",而且亲身实践。他以一介书生投身实业,涉足蚕桑柑橘、渔业捕捞、矿山铁路、交通运输等行业。因成效显著,他还被推举为瑞安商会总经理。

从孔子到王阳明再到孙诒让,无数事例启示我们,学习并非将人禁锢在一个名为"学校"的区域内,接受教师的知识灌输。学校不应被高墙围起,学校也并非"囚禁"孩子的"牢笼",广阔天地皆应为孩子的课堂。我常说:"教材不是孩子的世界,世界才是孩子的教材。"

安阳实验小学的"尊重教育"的一系列改革,秉持的正是这一理念。

我们进行课堂改革,将课堂交还给孩子,让孩子成为课堂的主人;推动作业改革,赋予学生自主完成作业的权利;推动项目化学习,引导孩子发现并解决真实问题;实施课程改革,通过三张课表、三种课型、三化设计,践行"五育并举"、促进"五育融合";与此同时,我们将学校空间重塑为"博物馆群落",把一草一木、一事一物都转化为孩子的学习资源。

凡此种种,目的是将学校构建成"小社会"。学生在校园里学习和生活,先行体验社会,于潜移默化中增强社会适应能力,为成为一名真正的社会人做好准备。

但这些仍显不足。从我担任安阳实验小学校长那日起,就确立了"开门办学"的宗旨,致力于拆除横亘在学校与外界之间的"围墙"——不管是有形的还是无形的。我着力打造的是"学校+社会"生态链。

为此,我们与社区、企业、非营利组织等建立紧密合作关系,引入各类社会资源,创建节水教育基地、财商教育基地、农商小银行、环保生态园,开展丰富多彩的实践活动。孩子们有机会参与真实的社会项目中,比如社区服务、环保行动、创业体验等,学会如何与人交流,如何解决实际问题,如何在团队中合作。

我们还邀请了企业家、艺术家、科学家、社会工作者等来校,分享经验和见解,拓宽学生视野,激发他们的兴趣与热情。

我们坚信,孩子们在参与社会实践的过程中,能学会运用所学知识解决实际问题,与社会成员有效沟通合作。这有助于学生形成全面的能力模型,为将来融入社会成为有用之才奠定坚实基础。安阳实验小学拒绝"高分低能",我们培养的是接地气的"社会人"。

第二节
家校心连心：
当好"合伙人"，画好"同心圆"

教育如同一个同心圆，圆心是孩子，围绕圆心的是学校、家庭和社会，唯有三方齐心协力，方可营造出美好的教育环境。

在这个同心圆中，家庭的位置极为特殊。它一端连着学校，一端连着社会，发挥着承上启下的作用，堪称"摆渡人"。我们要实行开门办学，将校园打造为小社会，离不开"摆渡人"的全力支持与积极参与。苏联教育家苏霍姆林斯基曾说："最完备的社会教育是学校教育和家庭教育的结合。"可见在他心中，要将孩子培育成社会人，需要学校和家庭携手共进。

教育部、中央宣传部等十三部门于 2023 年初联合发布的《关于健全学校家庭社会协同育人机制的意见》也提出，到 2035 年，形成定位清晰、机制健全、联动紧密、科学高效的学校家庭社会协同育人机制。

为此，我提出了"家校社"协同共育联盟，联盟的组织框架由"一会四中心"构成。其中，"一会"指教育发展基金会，"四中心"指宣传教育中心、矛盾协调中心、志愿服务中心和资源开发中心。

具体而言，我们从三个方面着手来构建和完善"家校社"协同共育联盟。

一、积极引导，转变家长观念

我们定期与家长进行沟通、交流，引导家长转变观念。一方面让家长明白，在"双减"背景下，一定要摒弃"唯分数论""唯升学论"的陈旧思想，树立科学的教育观、人才观。同时，我们引导家长了解安阳实验小学"尊重教育"的办学理念，获取价值认同和相互信任，实现家校同心同德、同频共振的目标。

引导的方式丰富多样。其中，为一年级家长量身打造的"家长学校培训会"备受欢迎。每逢新学年开启，学校便会邀请校内外的名师、名校长等资深教育工作者,为新生家长带来精彩的"开学第一课"。

安阳实验小学的老校长陈钱林就在家长学校培训会上做过"紧抓核心素养,培育健全人格"的专题讲座。陈钱林校长建议一年级家长抓住孩子最为关键的要素——核心素养,而其中最核心的素养便是自律、自学、自立,一定要让孩子学会自我管理,自己主宰人生,如此方能培养其健全的人格,让孩子幸福成人、轻松成才。

《关于健全学校家庭社会协同育人机制的意见》明确规定,学校每学期至少组织两次家庭教育指导活动。令安阳实验小学引以为豪的是,截至 2024 年底,家长学校培训会已经举办了 24 期,成为"家校社"协同共育联盟的"品牌工作",颇具凝聚力和影响力。

二、丰富渠道,搭建共育平台

为了让家长更清楚地了解学校工作,贯彻落实"双减"政策,同时鼓励家长参与"同心圆"的建设,推动家校深度融合,安阳实验小学搭建了丰富多样的交流渠道和共育平台。

例如,我们设有三级家委会——学校有校级家委会、年级有年级家委会、班级也有班级家委会,确保各个层面都能够定期交流,提出意见和建议。尤其是针对新生家长因缺乏经验,普遍存在"幼升小"焦虑的情况,我们将一年级家委会设为家长学校,制定工作章程,并从家长中选举校长。

除了举办培训会,家长学校还发挥着众多功能。我曾经提出,家长学校在管理上要规范运作,早规划、多交流、多协商;在家长学校的引领下,实现每个班级的资源共享、信息共享,传播学校正能量;活动则要追求高品质、富有时代感,多进行创新,让孩子感兴趣。

三、整合资源,家长走进课堂

一方水土孕育一方教育,学校围墙外丰富的家庭、社会资源正是教育生长的肥沃土壤。我认为,家长中人才济济,不乏社会精英,他们本身就是学校的社会教育资源。基于这样的理念,多年来我们持续开展"家长进课堂"系列活动。

瑞安市中医院眼科主治医师徐硕,为一年级学生举办了以"科学防控,远离近视"为主题的健康知识讲座。徐硕医生凭借丰富的专业知识、通俗易懂的语言,深入浅出地向孩子们讲解了近视的成因、防治方法。徐硕医生还通过问答的形式,让孩子们学习并掌握生活中常用的护眼小常识。

温州市营养学会副理事长、瑞安市人民医院营养科主任戴福仁主任医师,长期担任学校的营养顾问,指导孩子们定制"营养午餐",提升学生的饮食与营养素养,并联合社会组织,推动学校建立多主体合理营养教育网络;他还开发营养教育手册,完善营养教育知识体系,为学生提供全面的食育指导。

类似的例子不胜枚举。

每一个孩子的健康成长都离不开家长的付出与关爱,每一段温暖的童年都离不开家校的相互配合。学校和家长要当好教育"合伙人"、画好教育"同心圆",在"家校社"协同共育的模式下,将孩子培育成新时代公民,从而实现家校共进的办学愿景。

第三节

银行进校园：
立足"微公益"，打造"财商课"

2018年5月，一项独特的公益项目——红领巾微公益体验岗在安阳实验小学二幢二楼的玻璃房隆重启动。作为校长，我兴致勃勃地参加了设岗仪式，为体验岗剪彩，并寄语志愿者："奉献爱心，服务同学，成就自己。"

说起来，红领巾微公益体验岗是学生主动提出的。

当时学校小卖部关闭，同学们买红领巾、校徽等物品深感不便。于是五年级三班的金乐宸同学向政教处提议开设一个体验岗，一方面服务同学，一方面也能丰富学生的生活体验、培养财商。他对体验岗的收入也做了规划：一部分用于体验岗的建设与发展，一部分用于献爱心，帮助有困难的同学。

金乐宸同学还说了一句很触动我们的话："大人能做的事，我们为什么不能做呢？"是啊，有什么理由浇灭孩子的热情呢？就这样，红领巾微公益体验岗开张了。

体验岗通过招投标形式获得经营权，采用股份制运营，创始的四位同学按各自股份，用平时积攒的零花钱作为进货的启动资金，购入红领巾、校徽，以及印有学校LOGO的中性笔、铅笔和橡皮等学习用品。经营则分工明确、责任到人：金乐宸同学负责与学校沟通、进货以及进行日常管理；蔡昀冉同学负责宣传、招募、安排志愿者；戴凯风同学负责销售、统筹安排商品；余悉可同学负责做账、管理财务。

每周一、周三、周五是体验岗的营业时间，同学们络绎不绝，我也几次实地探访（如图7-1所示）。当我走进大门，两旁的礼仪队员微笑着点头相迎。走到货架前，志愿者亲切地询问："请问您需要什么？"当我讲明要买校徽并付钱时，志愿者轻轻接过钱，然后双手递给我一枚校徽，微笑着说："谢谢您的爱心行动。"

红领巾微公益体验岗提高了孩子的公益意识，让他们学会担负起一定的社会责任。同时，孩子们参与日常经营又是很好的财商教育，可谓双丰收。

我是"贪得无厌"的，想着能不能更进一步，打造儿童财商教育基地？

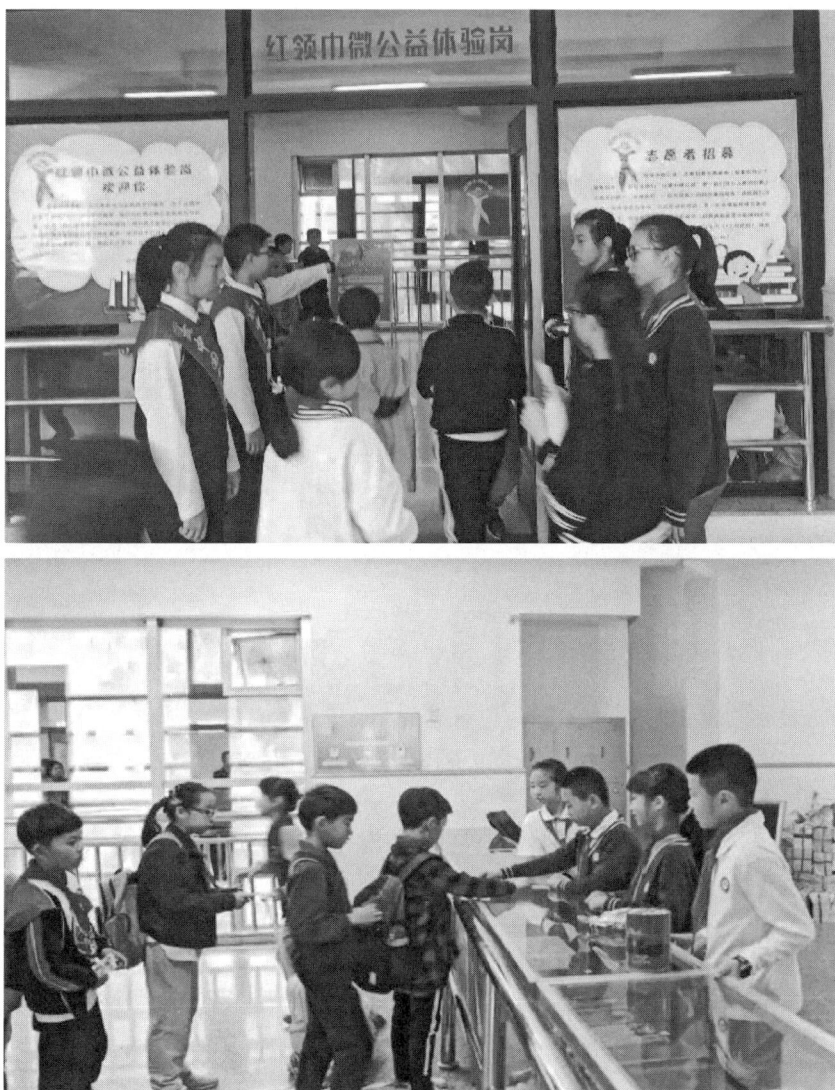

图 7-1　红领巾微公益体验岗

我一直认为,随着经济全球化和金融市场的日益复杂化,良好的财商已成为现代人必需的生存技能之一。当今社会,财商教育不再是一个可有可无的附加课题,它同阅读、写作和算术一样,是孩子们成长过程中不可或缺的一部分。给予孩子恰当的财商教育,是为他们的人生铺路。问题在于,传统课程体系里没有财商课的位置,这一环亟须补上。

幸运的是,我的想法得到了浙江瑞安农村商业银行的全力支持。银行看重的是长期潜力——孩子们长大后或将是银行的高净值用户,从娃娃抓起,进行财商教育,相当于投资未来。学校考虑的则是,在学校自身缺少财商教育所需师资的情况下,借助社会力量弥补短板,是不错的选择。因而双方一拍即合。

由浙江瑞安农村商业银行投资,红领巾微公益体验岗所在的玻璃房大"换装",变身为儿童财商教育基地(如图7-2所示)。

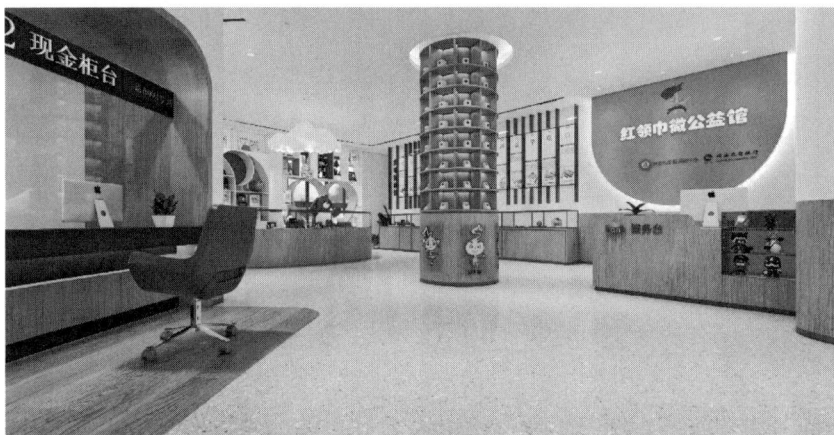

图7-2　儿童财商教育基地内景

2022年11月23日,安阳实验小学儿童财商教育基地举行揭牌仪式,特邀瑞安市妇女联合会权益部部长黄小英、浙江瑞安农村商业银行副行长周琴、瑞安市少先队副总辅导员曾丹等出席。在孩子们"3、2、1"的倒数声和热烈掌声中,我们共同揭下红布,崭新的牌子映入眼帘。至此,"微公益"全面升级为"财商课"。

财商教育基地内设有展台,展示钱币的发展历程。一个个"外圆内方"造型的钱币里,蕴含着古朴、典雅的中国味道。

除了观赏钱币,孩子们也能直接同"钱"打交道。通过努力,孩子们有机会获得"幸福币",然后来基地里的儿童小银行兑换学习用品。银行窗口里的小工作人员办理业务时非常严谨,一丝不苟。通过实践,孩子们学会了如何积攒、统筹规划、合理支配"幸福币"。不少孩子还养成了记账的好习惯。

在浙江瑞安农村商业银行的指导下,学校开发了适合小学生的财商课程,并定期开课,旨在帮助孩子们树立正确的金钱观、价值观,助力孩子们健康成长。

当然,公益的性质并未改变,财商教育基地实际上是立足"微公益",为有需要的同学提供更贴心、更优质的帮助。

在这个充满变革的时代,财商教育如同孩子们成长路上的指南针,引导他们理解和应对日益复杂的金融世界。从"微公益"到"财商课",我们看到了孩子们的积极变化。他们学会了理财、决策,更在实践中培养了责任感和独立思考的能力。

财商教育不只关乎金钱的管理,它从更深层次教会孩子如何在资源有限的情况下做理性选择,在面对诱惑和挑战时坚守内心的道德底线。每一个经过财商教育洗礼的孩子,都将成为社会的宝贵财富,他们的智慧和仁爱,将照亮自己和他人前行的道路。我相信,这份无形的财商将伴随他们一生。

第四节
社工守护者：
用黑色的眼睛，寻光明的未来

在世界的一隅，有一束光，它并不耀眼，却能穿透心灵的阴霾，为人们带来温暖与希望。这束光，便是社工散发的光芒。社工常常扮演引路人与守护者的双重角色，他们的存在，具有深远的意义和无可替代的价值。那么，当社工走进校园，又会给孩子们带来什么呢？

学校是孩子生活和学习的重要场所，据统计，孩子约有三分之二的时间在学校度过。正因如此，孩子身上出现的问题往往在学校便初现端倪。如今，许多学校配备了心理辅导教师，试图为学生提供心理服务。然而，相关师资毕竟有限，教师平日的工作又颇为繁重，难以顾及学生生活中出现的繁杂琐事。而且，随着社会的发展，学生面临的挑战日益增多，学校也常常感到力不从心。

此时，专业社工的价值便凸显了出来——社工进入校园，能够及早辨别和处理学生身上的问题，进行有效的干预，降低危机出现的概率。

秉持这样的理念，由瑞安市检察院、团市委牵头，安阳实验小学与黑眼睛社工服务中心签署协议，启动了"亲青帮·青少年事务社工站"。这也是浙江省首家常态化入驻运营的驻校社工站。

为何选择与"黑眼睛"合作呢？这源于我对其负责人梁锋的信任。

梁锋是一位满怀理想、朝气蓬勃的青年，自2009年创办"黑眼睛"以来，他克服重重困难，全身心投入公益事业。梁锋告诉我，他之所以对公益事业情有独钟，是因为小时候家境贫寒，如果没有来自社会各界的援助，自己难以走到今天。长大后，他渴望尽己所能，回馈社会。

"黑眼睛"的名称源自一句诗："黑夜给了我黑色的眼睛，我却用它寻找光明。"从磨难中走来的梁锋，愿意伸出援手，帮助正在经历磨难的人。

青少年问题也是"黑眼睛"关注的焦点。梁锋提出了驻校服务的主张，让社会工作者走进校园,助力青少年的健康成长。为此,梁锋走访了众多学校,提议让"黑眼睛"入驻。但由于存在诸多顾虑,校方通常会委婉拒绝,因而他美好的理想一直未能实现。

直到梁锋与我相识,我们俩一见如故,一拍即合!分管德育的胡新国副校长也给予了大力支持。胡新国校长说了一番动人的话:"有些人一生都在为不幸的童年买单,而我们期望,安阳实验小学的孩子们的童年都是幸福的!"

2021年春,"黑眼睛"的社工走进安阳实验小学开展服务。近两个月的时间里,他们开展团课辅导达300多人次,接到5例个案,并进行了27次个案辅导,效果显著。于是,同年5月,"黑眼睛"以社工站的形式正式入驻校园。

驻校社工通过开设课程、个案工作、团体辅导等方式,协助学生解决成长过程中遭遇的各类问题,激发学生的潜能。

与此同时,驻校社工还积极参与学校的危机处理,为学校教职工提供支持、培训等服务。例如,这两年"校园霸凌"备受关注,为了预防此类事件发生,在"黑眼睛"的协助下,安阳实验小学在学校层面建立了反校园欺凌机制,并与家长联合共建,共同营造和谐的校园氛围。

可以说,"黑眼睛"社工在学生、家庭与学校之间搭建起了一座沟通的桥梁。通过家庭访问、个案会议和群体活动,社工能够洞察学生问题背后的家庭问题,理解影响学生行为和学业表现的深层原因,进而与学校合作,制定个性化的辅导方案,推动学生的全面发展。同时,社工还能调动社会资源,为学生提供丰富的校外学习机会和实践平台,拓宽学生的视野、增长学生的见识。

这促进了学生与家庭、学校、社会的良好互动。社工们能够连接社区、司法部门等,形成合力,引入社会资源,协同教育问题青少年,提前预防问题青少年的恶性发展。学校、家庭、社区、社会协同育人,形成教育合力,既提升了学校教育成效,也调动了教师参与社会工作的积极性,同时,有效培养了学生的社会化情感。全国各大媒体纷纷进行报道,众多学校纷纷前来取经学习。

"黑眼睛"驻校社工还总结出"三好"工作原则,即成为学生成长过程中的"好朋友"、老师德育的"好帮手"、家校社连接的"好平台"。这将"黑眼睛"在安阳实验小学的实践经验提升为具有普遍性、常态化的制度运作,具备了推广的基础。

由于社工工作要为当事人保密,我们无法展示他们工作的具体细节,但实际上,无须看到社工每一个动作的细节,我们也能够感受到他们的力量。在光影交错的校园中,社工凭借专业知识与爱心,为孩子们的未来描绘出一幅幅光明的画卷。社工的辛勤付出与奉献,如同种植花朵,虽然艰辛,但每一朵绽放的花朵都足以证明,这份努力意义非凡,这份事业光辉绚烂!

第五节
校友是财富：
传承母校价值，归来仍是少年

我持有这样一个观点：学生和学校的缘分，并非在毕业的那一刻便宣告终结。恰恰相反，校友和母校之间存在着某种共生关系，诸多因素将双方紧密地联结在一起。

对于校友而言，小学阶段乃是他们学习和成长的起点，往后无论他们身处何方、从事何种工作、取得怎样的成就，身上都不可避免地带有当年的痕迹。许多人一生都对自己曾就读过的小学、教导过自己的老师铭记于心、难以忘怀。

我国著名数学家苏步青，因家境贫寒，9岁才得以进入当时的浙江省平阳县第一小学读书，在同学中显得颇为"显眼"。为此，他没少遭受同学的嘲笑。幸运的是，他遇到了一位良师——地理老师陈玉峰。陈玉峰时常对苏步青加以开导、劝慰，在他的鼓励下，苏步青发愤图强、刻苦读书，12岁时以优异的成绩考入浙江省立第十中学，后来更是成为一名数学家。对于陈玉峰老师、对于母校，苏步青感恩怀念一生。

反过来，校友也是学校的珍贵财富。校友在小学阶段所培养的道德观念、学习习惯、人际交往能力，无一不在他们毕业后的学习、生活和工作中得以体现。校友在各个岗位上，通过各自的言行举止，传递着母校的价值观和行为准则。校友的表现，往往能够映射出母校的教育质量与办学特色，成为学校影响力传播的"活招牌"。

实际上，安阳实验小学对"尊重教育"理念的实践，近些年来之所以能够获得广泛的社会影响力，与学校校友的推广和示范是密不可分的。所以我一直认为，校友既是学校立德树人成效的具体展现，也是母校事业发展的重要支撑。校友与母校之间，不仅存在着深厚的情感联结，更承载着精神与价值的传递。

那么，如何最大限度地发挥校友的作用呢？我们想了诸多办法。

安阳实验小学的校史馆，除了介绍学校的沿革，展示历届学校领导、历届学生的风采,我们还预留了充足的空间,用来呈现全球校友的精彩故事。别看安阳实验小学创办至今仅有二十多年,却源源不断地为家乡、为国家培育出了一批又一批的人才。这些"荣誉上墙"的校友代表,便是最好的例证。

我们在校史馆里打造"校友墙",一方面是尊重学生在学校发展进程中的贡献,另一方面也是对在校生的一种激励——了解学长的经历,有助于他们树立目标,保持向学习榜样看齐的热情。

我们还邀请优秀校友返回母校,向学弟、学妹分享经验。其中,"安小人"的骄傲、青年数学家陈杲也曾回校分享经验。

陈杲自幼便展现出了超乎常人的数学天赋,不过,他的性格不太适应传统的教育模式,入学之初,难免与学校的规章制度有所冲突。但学校秉持"尊重教育"的理念,给予陈杲同学充分的自主空间。

在小学时,陈杲就连跳两级,从一年级直接升到三年级,三年级时又跳级到五年级。他一个星期大概只来校三天,时间不固定,平常在家自学。他是如何自学的呢?原来,陈杲家旁边正好有一所学校,他就依据这所学校的铃声作息,按照自己制订的学习计划自学。在宽松的学习环境下,陈杲的数学进步飞速。他 14 岁考入中国科学技术大学少年班,18 岁赴美国读博,24 岁成为美国威斯康星大学麦迪逊分校博士生导师,26 岁回国任中国科学技术大学特任教授……

我记得,陈杲的讲述引起了在座学生的强烈共鸣。当时,安阳实验小学已全面推行自主作业,孩子们从学长的亲身经历中,看到了自己美好的未来。

像陈杲这样心怀母校、回馈母校的校友,数不胜数……在我看来,校友为学校带来的物质贡献尚在其次,更为重要的是,他们通过回校分享经验,或通过信件、视频等方式与在校学生交流,极大地激发了在校学生的学习兴趣与奋斗动力。小学生正处于形成梦想、塑造自我的关键时期,校友的成功故事如同一盏盏明灯,照亮了他们前行的道路。

2019 年,安阳实验小学举办"世界归来　仍是少年"——创校 20 周年庆典,我们特意邀请杰出校友参与了这场盛会,并为他们颁发奖状。

未来,我们的校友将如星辰般闪耀在世界各地。他们的光芒不仅照亮了自己的前行之路,也为后来的学子指明了方向。他们的故事,成为激励学弟、学妹们最为生动的教材;他们的成就,既是对个人努力的回报,也是对"尊重教育"理念最好的诠释。

第八章

多一把尺子就多一批好孩子
——综合评价体系改革

传统的考试评价方式侧重于对知识的机械记忆和简单复现能力的量度,却忽略了对孩子的创新思维和实践能力的测评。正是深刻认识到了这一点,瑞安市安阳实验小学决定采用全面、多元的评价方式来评价学生。

我们实施的综合评价机制,既延长了学生成长的观察周期,又拓展了能力评估维度。为此,学校引入了"星卡"评价制度作为激励手段之一,并不断对其进行升级迭代,使之更加符合个人发展需要。此外,学校还构建了一个以赏识教育为核心的循环三角模型,旨在营造一个充满正能量的学习环境,力求让每个孩子都能在阳光、积极的环境中健康成长。

第一节
综合评价：把视线拉长，将视野拓宽

在教育领域的广袤天地中，当我们深入探讨教育改革的具体措施时，无论是引人注目的课堂改革，还是影响深远的作业改革，无论是对学习模式的全新探索，还是对课程体系的大胆革新，归根结底，都不可避免地受到学生评价这一关键因素的制约，就如同被一块无形的"天花板"所限制。只要分数和成绩依旧作为衡量学生学习水平的主要乃至唯一标准，任何精心策划、起初搞得风生水起的改革措施，都难以逃脱陷入停滞、流于形式或者无奈走回头路的尴尬境地。

简而言之，如果评价学生永远仅仅依赖一把尺子，那么这把尺子无疑就成了孙悟空头上的金箍。孙大圣纵使本领再高强、再神通广大，也会被那紧箍咒牢牢地困住，难以施展其全部的能力和才华。

这便引出了一个至关重要的问题：我们究竟要培养什么样的人？是千篇一律、整齐划一的"乖学生"，还是个性张扬、形态各异的"野孩子"？许多人或许更倾向于前者，认为乖巧听话、成绩优异便是优秀的标准。然而，我却深信英国哲学家罗素的那句名言："参差多态是幸福之源。"正因如此，我毫不犹豫地选择了后者。

这就迫切要求我们改变以成绩为唯一衡量标准的传统做法。尺子不应只有一把，而应当有多把，每多一把尺子，就意味着会多涌现出一批被认可和鼓励的孩子。

幸运的是，我的这一理念得到了安阳实验小学全体教师的认同和支持。大家皆是奋战在教学一线的辛勤耕耘者，对于基础教育中存在的短板和弊病，有着切身的观察、深入的思考，更怀揣着强烈的、想要改变的愿望。长期从事语文教学工作的叶世蛮副校长，曾说过一段发人深省、极为深刻的话语，大致意思为：传统的考试评价方式往往侧重于知识记忆和复现能力，却忽略了对孩子的创新思维和实践能力的测评。在当今时代，我们绝不能再一味地唯分数、唯成绩，而应当采用更为全面、多元的评价体系，比如口头表达、思维创新、组织协调等。德、智、体、美、劳，涵盖多个方面；听、说、读、写、思，涉及多种能力。更丰富多样的评价维度及评价方式能够更加真实、全面地反映孩子的学习成果和成长过程,从而敏锐地发现他们身上的闪光点和潜力所在。

叶世蛮校长所倡导的"全面、多元的评价维度及评价方式",本质上就是我们所探讨的综合评价。2022年,浙江省教育厅印发了《关于小学生综合评价改革的指导意见》,明确要求学校从品德表现、学业水平、运动健康、艺术素养、劳动与实践这五个关键方面对学生进行综合评价。叶世蛮校长的主张,与这一指导意见可谓不谋而合。

相比于单一的评价模式,综合评价的优点清晰可见、不言而喻。这主要体现在两个重要方面。

其一,综合评价为孩子提供了多元发展的机会。其覆盖面广、周期长、形式灵活的特点,能够充分兼顾不同孩子的个性差异。孩子们可以依据自己平日里的积累和所掌握的技能,尽情地展示自身真正的实力。

就像史同学,他的学习成绩普普通通,还有不按时完成作业的不良习惯。然而,他却对集邮情有独钟,无论是首日封、纪念封,还是小全张、小本票,他都说得头头是道、如数家珍。他从邮票上获取了广博的知识,无论是悠久的历史传承、多元的文化精粹,还是众多杰出的科学家、文学家的生平事迹,他都如数家珍。当班主任了解到史同学的这一特长后,热情地邀请他在班级中进行分享,结果反响热烈、效果极好。像这样的孩子,如果采用单一的唯成绩评价方式,很难获得积极的评价和认可。然而,在综合评价体系中,却能够让他们的特长和兴趣得到应有的重视和鼓励。

其二,凸显了孩子在评价中的主体性。综合评价始终以学生为核心,致力于让每一个孩子都能体验到成功的喜悦和快乐,从而有效地提高他们的积极性,帮助他们实现自我管理、自我促进以及自我发展。

这方面的例子更是不胜枚举。我来讲一个比较特殊的例子。周同学的智力水平相较同龄孩子略微偏低,学习进度也较为缓慢,但她拥有一双灵巧的双手,尤其善于剪纸。每逢年节,她都会为班级剪出许多精美的窗花。班主任特意在班会上对周同学进行表扬,同学们也纷纷夸赞她心灵手巧。在综合评价体系中,周同学因动手能力强的特长得到了正面的反馈和激励,这极大地增强了她的自尊心和自信心,使得她在今后的学习生活中迸发出了令人惊叹的能量。

　　由此可见,综合评价恰似一面面明亮的镜子,清晰地映照出每个孩子多维的才华和独特的个性,让每一个闪光点都得以被发现,每一份潜能都能够被激发。这不仅贴合学生的成长规律以及教育的内在规律,更与事物发展的客观规律相契合。

　　综合评价同时也提升了教育工作者的境界和视野。一方面,它把我们的视线拉长了,促使我们将幼儿园、小学、中学、大学乃至孩子的整个人生串联起来进行深入思考,让我们不再仅仅关注眼前的短期成果,而是着眼于孩子的长远发展和未来人生的整体规划。另一方面,它又把我们的视野拓宽了,促使我们从分数和特长以外的习惯养成、能力培养、情商塑造、人格健全等多个维度,对孩子进行全面而多元的考量。

　　当我们把视线拉长、将视野拓宽,教育就不再是一座狭窄的独木桥,而是广阔的天空,任由孩子们翱翔,让孩子发挥各自的天赋和个性,探索无尽的知识。有综合评价"保底",学习将成为一种享受,成长将成为一种期待。

第二节
"星卡"评价制度：教育的目的是要成人之美

从投身教育的那一天起，我就在思考：我们为何要对学生进行评价？难道是为了将学生划分成优良中差，以方便老师管理？或者，仅仅是为了升学考试，选拔尖子生，淘汰所谓的"差生"？显然并非如此。

德国思想家康德曾说，教育的目的是将人培育成道德品质完善、独立自由的个体。换言之，教育指向人本身，是为了成人之美。作为教育的重要环节，评价学生理应以此为宗旨——评价是为了成就学生，而非进行优胜劣汰。安阳实验小学摒弃唯分数论、唯成绩论，构建综合评价体系，正是基于此道理。

那么，如何将其落到实处呢？我们率先创立了"星卡"评价制度。

我认为，传统对少先队员的评价存在重结果、轻过程，重学科成绩、轻全面素质，重中队辅导员操作、轻学科教师参与的弊端。为此，我们围绕过程评价、全面评价、全员评价的要求，在学校原有的"雏鹰争章"活动的基础上进行创新，形成了具有创新性的少先队员评价制度——"星卡"激励性评价。

"星卡"分为绿星卡、红星卡、黄星卡三种颜色（如图8-1所示）：

图8-1　三种颜色的"星卡"

绿星卡代表点滴进步，是对孩子的一种激励；红星卡代表荣誉和收获，由一定数量的绿星卡兑换，相当于最高奖励；黄星卡则代表警告，鞭策孩子及时改正错误。

"星卡"评价的内容丰富多样，涵盖孩子学习、生活的各个方面，包括各类竞赛获奖、作品发表刊出（包括作文、美术、书法、摄影、手工制作等）；各种艺术考级（电子琴、钢琴、小提琴、声乐、美术、书法等);学校的日常行为周评月奖、体验教育、"百花园"文体艺术、科技创新等活动;还有学业成绩、好人好事、课堂表现、作业表现、课外表现、工作表现等。总之,我们力求从多维度、多视角去发掘孩子身上的闪光点。

评价标准是量化评价与模糊评价相结合。量化评价,指孩子获得成果性荣誉后,由大队部颁发绿星卡;模糊评价,指当孩子有较为突出的表现时,中队辅导员和任课教师、生活教师在公开场合颁发绿星卡。既然是模糊评价,就需要具备弹性。我对教师的要求是,要因人而异,不搞"一刀切",对于有进步的孩子,要及时颁发绿星卡予以鼓励。

绿星卡可以累积,10 张绿星卡可兑换 1 张红星卡。按照规定,孩子每获得一张红星卡,大队部会将其姓名张榜公布,予以表扬。每学期期末,各中队统计好全班及每位少先队员的红绿星卡数量,随后根据星卡数量,每中队评选出五星级少年 2 名、四星级少年 8 名、三星级少年 10 名、二星级少年 12 名、一星级少年若干名。小学毕业时,根据累计星卡积分评选出铜星、银星、金星少年。

这些举措能够让孩子在更广阔的领域得到赏识和鼓励。当然,仅有激励是不够的,对于错误也需要矫正,要及时引导孩子步入正轨。黄星卡便是为此而设计的。

当孩子有过错时,辅导员或任课教师发出警告,对屡教不改者出示黄星卡,同时收回 1 张绿星卡。之后一周,教师会帮助孩子改正过错。如确有改正或有进步,教师取回黄星卡,发还绿星卡;仍未改正的,教师把绿星卡交大队部没收,再由大队部对孩子加以引导。黄星卡并非为了惩罚而惩罚,而是促使孩子从过错中寻找原因,找准努力的方向,从而不断改正缺点、完善自我。同时也是提醒教师给犯错或暂时落后的学生一种补偿性激励,让教育没有被遗忘的角落。因此我们规定,黄星卡是教师私下出示给孩子的,目的是充分照顾孩子的自尊心。

从一年一度的学生、家长对教师、学科、学校工作的民意测评数据分析,"星卡"评价制度对学生的情感产生了显著的积极影响。

据调查,99%的学生最渴望得到的是知识、绿星卡和教师的表扬;99%的学生最害怕得到的是黄星卡和教师的批评。孩子们的无邪的话语尽显童真:"绿星卡,我真想多交你这样的好朋友!""红星卡,请你每过一小段时间来看我一下!""黄星卡,你可别找大家的麻烦!"一位学生在日记中写道:"绿星卡就像树上的苹果。春天,我想吃苹果,可是它老掉不下来。秋天,苹果已经熟透,我终于尝到了丰收的喜悦!"

孩子们对星卡的喜爱溢于言表。

这一点,外人踏入校园便能立刻感受到。日本宫崎大学附属高中的长岭哲哉校长曾来安阳实验小学交流,对学生们的阳光开朗印象深刻。他说在日本,在校生较为严肃,很少能看到学生甜甜的笑容。我们告诉他,这是"星卡"的功劳。他愈发好奇,深入了解后表示,要把"星卡"评价制度带回日本推广。

而在中国,"星卡"评价制度早已获得了广泛的认同。据统计,目前全国有超过上万所学校推广使用"星卡"评价制度。

作为首创者,我们会继续坚持并完善"星卡"评价制度,让更多孩子从中受益。与此同时,为了激发学生更大的潜力,培养出更多具有创新精神和实践能力的学生,为社会的发展贡献更大的力量,我们对"星卡"评价制度进行升级迭代,于是便诞生了"星卡"评价制度 2.0 版。

第三节
"星卡"升级：照亮孩子的未来

自 2002 年开始，安阳实验小学实施"星卡"评价制度已经超过二十年，从学生、家长、教师到教育界同行、领导以及社会各界，都给予了广泛好评。与此同时，我们也在总结经验教训，力求查漏补缺、调整完善。

我们注意到，"星卡"评价制度的确存在着不尽如人意的地方。

比如，有的孩子在数学领域颇有天分，数学老师经常发给他绿星卡，相反，他几乎没从语文老师那里得到过绿星卡。久而久之，这孩子变得越来越偏科。有的孩子各方面表现都很突出，集万千宠爱于一身，拿绿星卡拿到手软。这样一来，他反而对星卡无感了。还有孩子"吐槽"，绿星卡既是奖品，又是压力的起源。拿到绿星卡固然开心，可一旦犯错被收回，就会闷闷不乐。有的孩子甚至觉得：人难免犯错，而犯了错会失去绿星卡，那还不如干脆不要。

经过深入调查，我认为问题出在"等级"上——红星卡是最高奖励，显然比绿星卡"高级"，而具有警示作用的黄星卡则被认为"低级"。有等级就有竞争，过度竞争就导致星卡变味了，违背了设计者的初心。

鉴于此，我决定清除"星卡"评价制度中的等级因素，消除竞争，进而对星卡进行升级。由政教处主任程晓敏，大队辅导员尚学程、林春燕牵头，推出了"星卡"评价制度 2.0 版，即"'星卡'努力取向评价体系"。

所谓"努力取向"，凸显的是努力的态度、努力的过程、努力的价值，不再将努力的结果分成三六九等。相应的，原先的红星卡、绿星卡、黄星卡也功成身退，告别历史舞台。取而代之的，是集体卡、习惯卡、家庭卡、努力卡、好学卡、六艺卡……这些星卡是根据孩子在不同场景中展现出的不同特点量身打造的，它们不存在等级之分（如图 8-2 所示）。

获得星卡后，孩子能用它做什么呢？校长小助理章涵同学的建议启发了我们。

校长小助理是安阳实验小学的又一特色。为了锻炼学生的自理能力和自主意

星卡2.0版

年段	星卡	分值	班级配套	过程性评价	终结性评价	颁发人	学期数量	要求说明
一年级	苗苗卡	1	努力的小苗	荣誉证书 小苗心愿	苗苗星	班主任 科任教师	线下不定量	操作同平常，由老师视学生情况合理发放
二至六年级上学期	努力卡	2	自定 （优化大师积分表记录单班级日志）	幸福币 心愿达成体验岗	真善美乐少年 真真少年 善善少年 美美少年 乐乐少年	科任老师	线上定量	班主任700；语数200；英科音体美100；其他50
	好学卡	2				科任老师	线上定量	语数300；英科200
	六艺卡	2（递增）				各科室	线上不定量	每节一奖、每月一奖
	集体卡	4、8				班主任	线上不定量	每月一奖
	习惯卡	4、8				班主任	线上不定量	每月一奖
	家庭卡	4、8				班主任	线上定量	每月一奖
	黄卡	-4				班主任	线下不定量	惩戒、教育引导为重
六年级下学期	选用		自定	优秀毕业生	幸福少年	政教处	自定	根据六年积分情况

星卡2.0版（一年级）

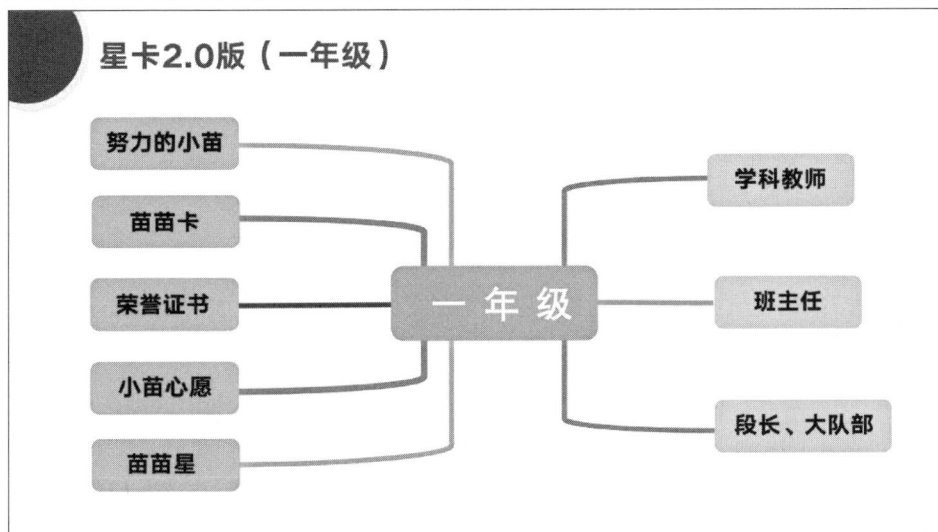

图 8-2　"星卡"评价制度 2.0 版

识,提高其民主意识和主人翁精神,培养学生从小关注身边的事情、关心学校发展的社会责任感,鼓励他们主动参与学校民主管理,我们开展了校长小助理竞选活动。四年级、五年级的 12 名同学参与竞选,由我、胡新国副校长、程晓敏主任、大队辅导员肖学程老师组成评委团进行面试。面试现场,章涵同学建议,借助智能系统将星卡转换成积分,同学们可以用积分兑换奖品、满足心愿。

好主意! 这样就能解决某些孩子因为星卡较多,动力不足的问题了。从星卡到换积分再到实现自己的愿望,激励孩子们通过努力实现自己的梦想。我们主张用努力倾向激励孩子不断追梦,是否圆梦我们从不刻意追求。

通常的做法是,孩子们先通过努力获得星卡,再将星卡转换为积分,存放在积分商城中。当积分达到一定数额,可以兑换成幸福币,然后,孩子们就可以拿着幸福币实现自己的愿望了,如兑换校内观影券、多肉种植、参观场馆机会、与校长共进午餐机会等,都可以用幸福币兑换到(如图 8-3 所示)。

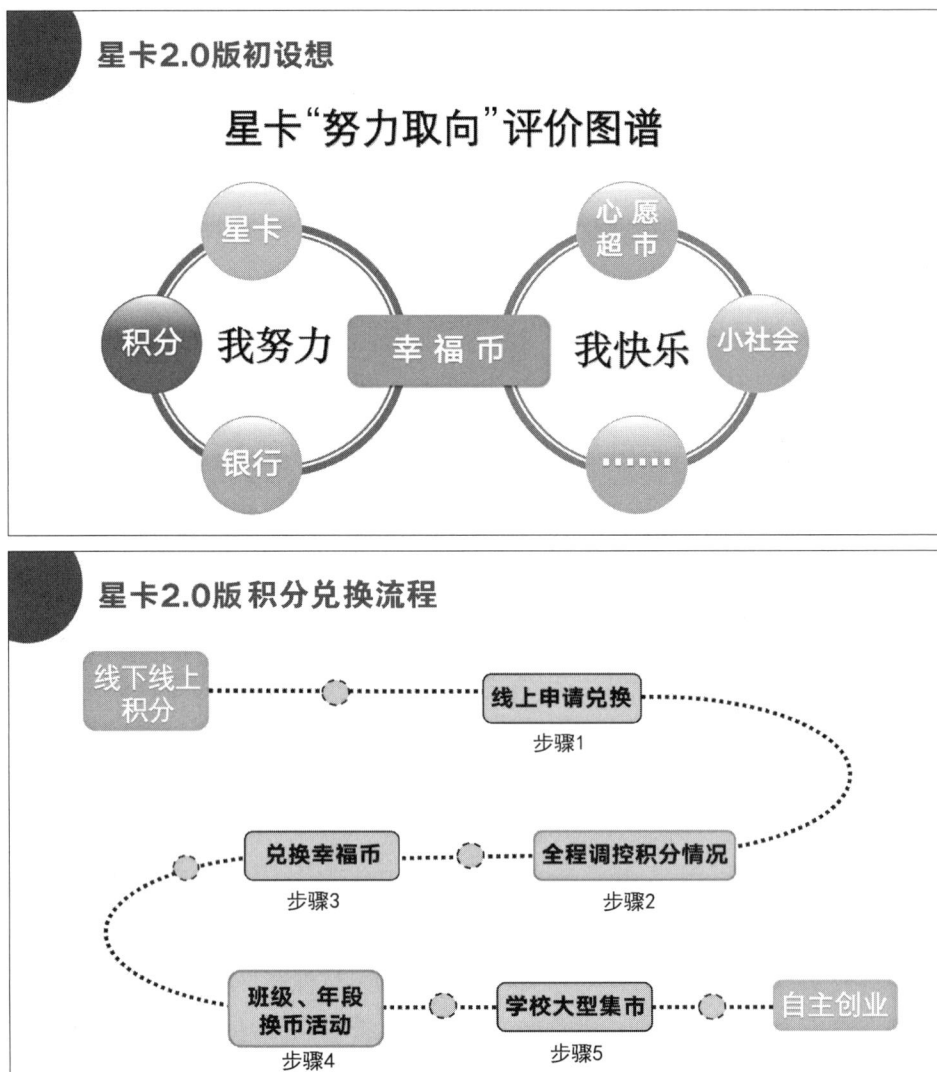

图 8-3 星卡兑换心愿流程图

其中,"与校长共进午餐"是孩子们最期待的。我清楚地记得,在 2022 年初组织的一次幸福币兑换活动上,足足有一百来个孩子报名要和我共进午餐。那天,学校大队部特意布置了会场,同学们庄重地在签字簿上写下了自己的姓名,激动之情溢于言表。

午餐前,我对同学们兑换此次心愿表示欢迎。同学们也一一发言,在作自我介绍、表达喜悦之情的同时,也提出了一些想法和建议。午餐时间,同学们迫不及待地打开美食袋,吃得津津有味,脸上洋溢着幸福而又满足的笑容。

有些同学平时"省吃俭用",临近毕业,攒了好些幸福币。于是,学校组织了一场别开生面的"拍卖会"——六年级二班的张子见同学和六年级六班的木一澍同学,拿出自己的书画作品竞拍。

拍卖现场气氛活跃、成交踊跃,竟然有作品拍出了 120 元幸福币的"天价"!一张张幸福币见证着孩子们的努力与荣誉。

在充满爱和鼓励的环境中,安阳实验小学的学生们茁壮成长。他们不仅在学业上取得了优异成绩,更重要的是,他们逐渐成长为一个个有爱心、有责任感和有追求的人。"星卡"评价制度 2.0 版的价值日益凸显,成为安阳实验小学的宝贵财富,吸引了更多学校和教育机构的关注。他们纷纷前来学习,希望在教育实践中引入这一富有创新性和人文关怀的评价体系。

星星之火,可以燎原。星卡正闪耀着星光,照亮孩子们的未来。

第四节
拇指向上：以赏识为核心的循环三角

安阳实验小学实施"星卡"评价制度已经超过了二十年，效果显著、声名远播，媒体纷纷报道，不少学校来学习调研。我总会告诉来访者，研究"星卡"评价制度，不能只看表面，更要关注它的底层逻辑。

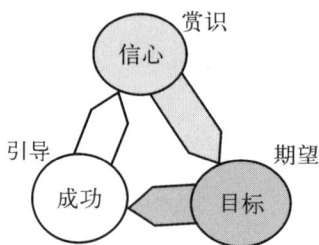

图 8-4　"赏识·期望·引导"的
循环三角

那么，"星卡"评价制度的底层逻辑是什么呢？我们归结为基于"赏识·期望·引导"的循环三角（如图 8-4 所示）。

"赏识"就是表扬、激励孩子，帮助孩子树立信心，使其产生向上的动力；教师趁势提出"期望"，帮助孩子树立和明确目标，并向着目标前进；其间，孩子难免遭遇困难，甚至可能会走弯路，教师要加以"引导"，促成孩子走向成功；成功之后，教师应当予以"赏识"，由此进入下一个循环……

这个循环三角中，赏识是起点也是主线。缺少赏识，期望和引导无从谈起；而教师在提出期望、进行引导的过程中也要及时赏识，不断调动孩子的积极性，避免其忽然"熄火"。赏识为何如此重要？我想举个例子。

我认识一个年轻人，无论是在学校里还是在职场上，她都非常优秀。她属于那种思路清晰，具有强大的说服力和感染力的人，永远给人一种自信满满的感觉。后来我才知道，这位获得了哈佛大学法学博士学位，在世界 500 强做过高管的年轻人，竟然也有童年阴影。原来在小学阶段，她遇到了一个性格极其粗暴、以辱骂学生为乐的数学老师。一次，这个老师当着全班同学的面，嘲笑她"笨得要命"，给她幼小的心灵造成了巨大的创伤。

这位年轻人没有说自己是怎样疗愈的，想必用时颇久，并不容易。但她还算幸运的，有多少孩子因为老师、家长经年累月的打击乃至羞辱，一辈子爬不出内心的黑洞呢？这样的悲剧，真令人痛心！

我想，如果她的小学数学老师不是羞辱而是鼓励，她的成长之路一定会更加圆满。如果世上的孩子都能得到他人更多的赞扬，很多悲剧完全能够避免。这就是为什么在构筑"赏识·期望·引导"循环三角时，我坚持把赏识放在关键位置。而在最初设计"星卡"评价制度时，红星卡和绿星卡都是鼓励性质的，主打一个赏识，唯有黄星卡具有惩罚和警示意味，学生犯错误了就出示黄星卡警示，并从学生手中收回一张绿星卡，而且要求教师引导学生改正错误，等错误改正后就收回黄星卡，并把绿星卡也还给学生，以补偿性机制赏识学生，形成"赏识·期望·引导"的教育循环三角。当然，教师给出黄星卡要慎之又慎，并有责任帮助孩子改正错误。

事实证明，赏识有奇效。

陈小若老师班上有一个叫小韦的孩子，调皮贪玩，衣服整天脏兮兮的，还扰乱课堂纪律，惹是生非。一次，小韦把喝剩的牛奶倒在同学头上，受到老师批评后态度仍旧非常蛮横。后来陈小若老师了解到，小韦在幼儿园阶段行为习惯就差，家长经常被叫到学校。家长觉得丢了脸，回过头打骂小韦，这反而激出了他的逆反心理。小韦的行为越来越具有攻击性，而且撒谎成性。

这种情况绝不能继续下去了！陈小若老师认识到，只有用赏识发现小韦的长处，激发其内在向善向好的动力，才能引导他脱离当前的困境。

一开始确实是不容易的。陈小若老师拿出"鸡蛋里挑骨头"的劲头，搜寻小韦的长处。很多在别人眼里不是优点的方面，她都加以表扬。比如教小韦写字时，只要他一个字、一个笔画写端正，陈小若老师就会送一颗小星星或一份小礼物给他，并且附在他耳边轻轻说："你今天进步特别大，老师只奖给你一个人，不要告诉别人哦！"小韦听了喜滋滋的，写字更认真了。

同时，陈小若老师创设群体赏识情境，发挥同学群策群力的作用。她特地安排小韦和班长做同桌，让班长发挥榜样作用。她还引导孩子们要用赏识的眼光看待小伙伴，善于发现小伙伴身上的闪光点。果然，班会课上同学们纷纷表扬小韦学会与同学和睦相处了，上课也能认真听讲了。

老师和同学的赏识让小韦感受到了温暖和激励。他懂事了，学习自觉了，做错事还能主动承认。他手里的黄星卡也逐渐减少，绿星卡越来越多。

小韦的"华丽变身"，让陈小若老师深刻认识到赏识的价值。这成为她教育生涯的主旋律。引导小韦时,陈小若老师还是一位青年教师,如今,她已经成为一名经验丰富的资深教师,带出一批又一批自信满满的学生。

正如陈小若老师和小韦的故事那样,赏识的力量是无穷的,它能激发孩子内在的潜力,引导他们走上光明的道路。二十多年来,无数个类似小韦的奇迹在安阳实验小学上演,每一个故事都是对赏识的生动诠释。

陈小若老师的成功提醒我们,每一位教师都是孩子生命中的引路人,每一次赏识都可能是改变孩子命运的关键。安阳实验小学的"星卡"评价制度,正是基于"赏识·期望·引导"的循环三角,它不仅改变了学生的学习态度和行为习惯,更教会我们如何用积极、正面的方式去影响和塑造孩子的未来。

每一位教育工作者都应该拇指向上,让孩子在赏识中成长、在期望中前行、在引导中成功,一起创造美好未来。这是我念兹在兹的愿望和奉行不渝的初心。

第五节
呵护幼苗：成为阳光替孩子驱散乌云

"阳光总在风雨后,乌云上有晴空,珍惜所有的感动,每一份希望在你手中;阳光总在风雨后,请相信有彩虹,风风雨雨都接受,我一直会在你的左右……"在一次校运动会上,一位依靠助行器、缓缓登上领操台的同学,唱响了这首《阳光总在风雨后》。歌声响起,台下的师生们认真聆听,很多人的眼眶湿润了。大家都被这位同学的坚韧和乐观深深触动了。

这位姓陈的学生,因罹患先天性脑瘫,生活不能自理,全靠母亲照料。由于肌肉萎缩,陈同学的右手没有力气,从 4 岁起他就练习用左手拿勺子。直到 8 岁那年,他才第一次成功地用勺子舀起饭菜送进嘴里。他开心地大叫:"哇,妈妈,我能自己吃饭了!"母亲激动地抱住了他。

陈同学没上过幼儿园,不知道什么是同学,也没有朋友。母亲想让他像正常孩子一样上学,可这谈何容易? 很多学校婉拒了他,还劝他母亲:这孩子应该上特殊学校啊! 他的母亲不曾放弃,继续奔波,最终来到了安阳实验小学。

"我想给孩子一个快乐的童年!"时隔多年,我依然清晰地记得学生母亲在校长办公室里说的这句话。母亲发自肺腑的心声,深深打动了在场的所有人。我们当即决定:接纳陈同学。

为了帮助陈同学融入校园,我们制订了详细计划。当然,我们没有把问题"特殊化",而是像对待其他孩子那样对待陈同学,着重培养他自立自强的能力,用赏识鼓励他一点一滴地进步。我始终坚信,每个孩子都值得尊重,都配得上赞扬,而教育的目的正是点燃孩子心中的梦想。

入学当天,我们去看望陈同学,送上祝福。全班同学则在班主任肖舒仁老师的带领下,以热烈掌声欢迎新同学,表示愿意和他一起学习、成长,做他的好朋友。这应该是陈同学第一次感受到集体的温暖和校园的快乐,脸上笑容满溢。自此,他开始半天上课、半天训练的学习和生活。

起初,陈同学由家长和老师背着来上课。二年级时,他学会了借助助行器走路,不过,体弱的他很难从座位上起身,移到助行器边上,同学们会争先恐后去帮助他。学校还专门在卫生间安装栏杆和扶手,为他提供方便。

陈同学喜欢热闹,同学们就在课间找他说话;他喜欢唱歌,音乐老师经常抽空教他练习乐感;中午在食堂用餐,食堂阿姨会帮助他吃饭;陈同学还有个贴心的姐姐,她用奖学金在安阳实验小学附近租了房子,以便照顾弟弟……

学习方面,陈同学的思维能力比其他同学要弱一些,提笔写字也有困难。老师就根据实际情况为他设计自主作业,帮他树立信心。有点滴进步,就为他颁发星卡。日积月累,陈同学竟然成了星卡"大户",拥有不少幸福币。

"财富"激励了陈同学,他越来越主动。同学们都说,陈同学的学习能力增强了,性格也变开朗了。

四年级时,学校将举办运动会,陈同学希望在开幕式上,和同学们一起走路进场。他让母亲在家里播放《运动员进行曲》,反复操练,然后拍成视频发给班主任肖舒仁。肖舒仁老师将此事汇报给德育处,德育处非常支持。开幕式那天,同学们跑步进入操场,陈同学则在队伍边上借着助行器前行,师生们一起为他加油鼓掌。陈同学的脸上闪耀着自信的光。

五年级时,学校举行艺术节,陈同学踊跃报名,准备了歌唱曲目《虫儿飞》。当他坐着轮椅在台上唱起这首歌,台下的同学们认真聆听;当他唱完,全场响起了雷鸣般的掌声。班主任肖舒仁含泪听完并录下了视频,送给他做纪念。

这次演出进一步激发了陈同学的信心。2022年新一届校运会临近,陈同学再次主动请缨,热切地表达了如下愿望:明年就要小学毕业了,自己想当着全校同学的面在领操台上走一走,并献上一曲《阳光总在风雨后》。我们当然全力支持,并精心策划,于是有了前述的那一幕。

那一天,我还特地向陈同学颁发了"自强之星"荣誉证书,为他奋斗不息的精神点赞。陈同学非常感动,发表了一段情真意切的感言:

"我想让曾经帮助过我的校长和老师、同学们看看我现在优秀的样子,虽然还是借助助行器,但我走路比以前更稳了。我还会唱歌……我相信以后我也能像正常人一样独立行走,奔跑在蓝天下,做自己想做的事。"

在小学毕业典礼上,陈同学和同学们合唱《感恩的心》。我也写了一段话为他

留念:

> 祝福陈同学,以刻苦坚强战胜困难,以乐观的生活态度健康成长! 你一定会成为安小的骄傲! 加油!

如今,陈同学仍然顽强乐观地学习、生活着。他经常说,妈妈是这个世界上最好的妈妈,姐姐是最好的姐姐,老师是最好的老师,同学是最好的同学。这是对安阳实验小学"尊重教育"理念最好的褒扬!

尽管身患先天性疾病,陈同学却从未放弃对美好生活的追求。他的经历告诉我们,每个孩子都是一颗独特的种子,只要给予适当的养分和环境,他们都能开出属于他们自己的花朵。对孩子的鼓励和引导,不仅是对他们能力的认可,更是对他们未来可能性的期待。这种正面的力量,能够激发孩子们内心深处的潜能,让他们勇敢地面对生活中的挑战,不断前行。让我们成为孩子们的阳光,为他们驱散乌云,让他们在成长的路上走得更远、飞得更高。

第九章

有好老师才有好学生
——教师管理模式改革

清华大学老校长梅贻琦有句名言："所谓大学者，非谓有大楼之谓也，有大师之谓也。"一言道尽了教师之于学校的重要性，也深深影响着我。担任瑞安市安阳实验小学校长后，我将"尊重教育"理念延展为"尊重管理"，努力打造一支"教研天团"。功夫不负有心人，多年来，安阳实验小学涌现出了张碎莲、叶世蛮、盖叶彬等优秀教师。他们是安阳实验小学的核心竞争力，是"尊重教育"理念得以推进并不断深化的源头活水。

第一节
尊师先重教：
以"尊重管理"打造"教研天团"

"校长是培养教师的第一责任人，我做校长，顶大的事情就是培养教师。"这是"人民教育家"称号获得者于漪老师的一句名言。

诚然，作为一校之长，管理并引领教师队伍既是职责所在，也是树立教育改革理念、落实教育改革举措的重要基石。若没有一线教师的高度认同和全力支持，没有一支素质优良的教师队伍，"尊重教育"理念难以顺利推进。这一点，我自2018年2月担任安阳实验小学校长起，便有着清晰的认识。

然而，做好教师队伍的管理以及青年教师的培养，绝非易事。

中国向来尊师重教。儒家倡导"天地君亲师"，将敬天法祖、孝亲顺长、忠君爱国、尊师重教并列；当代则把教师赞为"辛勤的园丁""人类灵魂的工程师"。从古至今，社会对教师一直尊崇有加。但在现实中，一线教师往往深陷任务繁重、时间紧迫、琐事繁多的困境，既要抓好日常教学，又要应对各类检查，还要实现自我成长，面临的挑战不言而喻。

这对学校管理提出了极高的要求。

安阳实验小学的老校长陈钱林说过："学校管理倘若只是为了管住教师，那么这样的管理不但落后，而且低效。"我深表赞同。教师是学校最为宝贵的教育资源，学校应当关爱他们、引导他们，尽可能为教师减负，让他们将有限的时间和精力主要投入教学。在我看来，这才是真正的尊师重教。

为此，我们确立了"让教师品味精彩人生，让孩子拥有幸福童年"的办学宗旨。在安阳实验小学，不仅孩子能够成才，教师也能够实现自我成长。

在此基础上，我们形成了"尊重管理"理念。顾名思义，这一管理的基础在于尊重人、理解人、信任人。"尊重管理"是指校领导通过信任与尊重教师，激发教师自尊、自爱、自信和自强不息的心态，从而促进教师自我激励、自我约束、自主创新和持续发展的一种以人为本的管理模式。

按照马斯洛需求层次理论，人类需求分为生理需求（食物和衣物）、安全需求（工作保障）、归属与爱、尊重需求和自我实现五个层次，这意味着，学校在管理过程中应当以教师为本，充分尊重教师的主体性，满足其自我实现的需求。唯有如此，方能激发教师的创造力。

这无疑颇具难度。长期以来，学校管理习惯由校领导向教师下达指令，教师只能完成规定的事务。可学校的指令未必切合实际，而人都期望做自己喜爱的事情，这便构成了矛盾。能否既顾全学校大局，又赋予教师选择权呢？

以教研为例。教研固然重要，但由于占用了本就稀缺的时间，常常被教师视为负担，教研也沦为应付了事。鉴于此，我们推出"科研套餐"——课题研究、教师论坛、读书报告和论文撰写，教师选择其中一项完成即可。

> 课题研究：教师选定一个课题展开专题研究，依照规范操作，争取出成果。
>
> 教师论坛：教师以"讲自己""自己讲"为原则，确保讲的教师有收获，听的教师有感悟。
>
> 读书报告：要求教师每学期阅读一本教育专著，参加一次读书会或读书沙龙，提交一篇读书心得体会。
>
> 论文撰写：要求每年撰写一篇高质量的论文。我们会定期邀请教育专家与教师进行面对面的指导和交流。

随着选择增多，负担减轻，教师对教研的态度也逐渐转变——从被动转为主动，从冷漠变得热情，从疲于应付到乐在其中。

针对处于职业生涯不同阶段的教师，我们还提供"定制服务"。职初教师往往感到工作忙乱，难以适应，遇到棘手事务时常不知所措。在与领导、同事、家长交往时也缺乏底气，表达能力欠佳。相反，成熟教师的业务能力通常不成问题，处理各种关系也得心应手，但普遍存在固守经验、遭遇瓶颈期、内驱力不足等问题。对此，学校会针对不同教师的情况精准诊断、对症下药。

对于教师的教学风格,学校给予充分理解并给予教师一定的自由度。教学没有统一的标准,每一位教师在长期的教育实践中都可能形成独特的教学风格。有的教师对学生较为严格,以"威"塑造班风;有的主打亲和路线,注重润物细无声……教学风格因人而异,实属正常。我们深知,教育学生需要"一把钥匙开一把锁",校方仅在宏观上提出导向性意见,只要教师遵循"尊重教育"理念,我们不会在细节上苛求。具体如何教学,教师拥有完全的自主权。

关于"尊重管理",我还有众多的案例和感悟。但我最想说的是,通过"尊重管理",我们为教师提供了成长和发展的空间,激发了他们的教学热情和创新精神。我们用这种以人为本的管理方式,打造出了一支"教研天团",让安阳实验小学的教师队伍充满生机与活力,也为学校的长远发展筑牢了坚实的基础。学校尊重教师,教师尊重学生,如此才能构建和谐校园,收获教育的硕果。学校培养出一大批教学名师,包括省级教坛新秀、省级优质课一等奖获得者乃至全国优质课获得者。作为一所县城小学,能涌现这么多的名师,堪称教师培养的典范。学校是教师成长的"摇篮",他们幸福成长着,也幸福地教育着孩子成长。

第二节
"青椒"涅槃记：散发属于自己的独特光芒

网上一般用"青椒"来指代高校青年教师，不过在我看来，凡是涉世未深、初入职场的年轻教师，都可以被称作"青椒"。他们是初绽的花朵，充满勃勃生机与无限潜力。他们需要浇灌、培育，获得向上生长的力量。相信有一天，每一个"青椒"都会撑起一片天。

这个过程中，榜样的力量是无穷的。榜样如同灯塔，为"青椒"照亮方向，鼓励他们前行。

安阳实验小学就有这样一位榜样——张碎莲。她也是以"青椒"为起点，一步步炼成高级教师、温州市名师，后来还出任副校长，走上了管理岗位。我和她都是最早一批调入安阳实验小学的"老人"，工作中多有交集，我担任校长期间推行的教学改革措施，也要仰仗张碎莲老师付诸实践。我想，她的成长轨迹，对于现在那些心怀梦想，却多少有些迷茫的"青椒"们，是颇有借鉴意义的。

张碎莲老师坦言，刚踏上教师岗位时，常有"摸不准方向"之感。当然，她自己的态度肯定是认真的：全身心研读教材、掌握课标，备课非常努力，教案做得详细、扎实，还会根据教学设计与课堂情况，书写教学课例。可她总觉得教学效果不尽如人意，但何以如此，又想不清楚。

陈钱林担任安阳实验小学校长后力推"尊重教育"理念，改革风生水起。新颖的理念、贴地的实践，让"青椒"们耳目一新，也促使大家对教学方式展开反思。张碎莲老师就认识到，自己竟是陈钱林校长批评的那种"满堂灌"式的老师，习惯从课文中拎出生字、生词逐个讲解，然后归纳段落大意、总结中心思想，翻来覆去脱不开"老三样"。在这样的教学模式中，学生只是被动接受，老师教什么，学生学什么，你再用心，也无法激发他们内在的学习主动性。

望着孩子们一双双失去灵性的眼睛，张碎莲明白问题出在哪儿了。从此，她开启了一场艰辛与快乐并存的"涅槃"之旅。

转变的关键,就是"把学习主导权还给孩子"。张碎莲老师跳出"老师不停讲,学生埋头学"的窠臼,留出更多时间让孩子自己读、自己写,老师从旁指点。改变虽小,效果却很显著。原先,老师讲课到中途,孩子容易出现"精神性疲软",尤其下午,一些孩子听累了,不知不觉就趴在了课桌上。现在,这种现象绝迹了,孩子的精神状态焕然一新,课堂气氛明显活跃。

接下来,张碎莲老师引导学生带着问题读课文,读罢,进行小组讨论,各抒己见、分享心得。最后,每个小组选出代表,与其他组来一场"思维碰撞"。这种方式极大地激发了学生的主动性,使他们真正成为课堂的主人。

学校方面也不断给张碎莲老师"加持",实施自主作业,推行项目化学习。诸如此类的尝试,旨在从根本上让孩子掌握学习的主导权。值得一提的是,自主作业刚起步,是以语文为试点科目的,于是张碎莲老师成为最早"吃螃蟹",并且尝到甜头的人。

由于此种机缘,她成了安阳实验小学教育改革的领军人物之一,在深化课堂改革、优化课程设置,迭代自主作业、升级项目化学习,推动综合评价改革等方面都做出了贡献。富有安阳实验小学特色的"三张课表、三种课型、三化设计",就是张碎莲老师担任副校长后领衔打造的。

荣获浙江省义务教育精品课程的"'小鬼当家'劳动实践课程群",张碎莲老师也是最早的倡议者和主要的开发者。

犹记得2018年,我们共同商议如何把后勤服务工作和德育相结合,张碎莲老师建议让孩子们去食堂劳动,切身感受后勤人员的辛苦,学会尊重后勤人员,学会感恩他人,这才有了"小鬼当家"岗位体验活动。整个过程中她用心策划、精心组织,活动第一周,就对256名小志愿者进行了岗前培训。取得初步成果后,张碎莲老师又带领教师团队持续深耕,构建起以食堂为依托的"小鬼当家"劳动课程。

更难能可贵的是,作为分管后勤的副校长,张碎莲老师从未放弃过一线教学。担任副校长后,很多人劝她管理、教学"二选一",但她不为所动,坚持一肩挑双担,全都不耽误。

在张碎莲老师的带动下,她的后勤、办公室团队也都坚持教学。

针对教师和管理者的双重身份,张碎莲老师说过:

> "作为教师，要用爱播撒，用心耕耘，静待花开。作为教育管理者，应该做具备教育情怀的思想者，应该做身体力行的实践者，应该做拥有广阔胸襟的学习者。"

　　张碎莲老师用自己的经历证明，教育是知识的传递，也是灵魂的触动和生命的成长。教师不仅是学生心灵成长的引路人，而且是自我发展的第一责任人。我们祝愿每一位"青椒"都能像张碎莲老师一样，不忘初心、勇于创新，找到独属于自己的光芒，成长为各自领域中的参天大树，用实际行动推动教育教学的持续进步和发展。

第三节
保持内驱力:"阅读推广人"叶老师的故事

资深教师如何保持内驱力？这是教师管理中的"老大难"问题。来自学校的鞭策是一方面,但更重要的是,教师自身要有热情、有理想,始终不忘初心、砥砺前行。这样的教师才能永葆青春,一直前行。安阳实验小学副校长叶世峦就是这样一位老师。

叶世峦老师生于偏僻山村,父亲念过高小,性喜读书,农作之余捧起竖行的古体手抄本读得津津有味。

在父亲的耳濡目染下,叶世峦从小就对阅读怀有浓厚兴趣。少时,他读《说岳全传》《玉蜻蜓》等古典小说,一忽儿心潮澎湃,一忽儿泪失枕巾。一套《封神演义》更是读了不下 10 遍,直读得线装松散、书角卷起。年岁稍长,他不仅涉略"四书五经",还对天干地支、梅花易学、奇门遁甲等产生兴趣。初中时,他随身携带一本竖行繁体的《周易》,反复研读。凡此种种,帮助他打下了传统文化的根基。

1992 年从普师毕业后,叶世峦踏上教师岗位,成为一名语文教师。2001 年安阳实验小学创建后不久,叶世峦老师作为生力军被调入,我们成了同事。在长期的工作交往中我们彼此信任,建立起深厚的友谊。

叶世峦老师给人的感觉是儒雅方正、诚恳负责,教学时循循善诱,尤其重视经典阅读。我至今仍记得他在教学研讨会上的一番慷慨陈词:

> "虽然在信息时代里各种文化现象呈多元发展,虽然现在的孩子读文言文有些吃力,但经典文化是中华民族的根,是中华民族的瑰宝,一定要传承下去,一定要从小孩子抓起。学习传统文化如同练武术站桩功,没有少年诵读的根基,便缺少源头活水。因此,越早让孩子接触古典文学越好,小学阶段的经典阅读尤为重要。作为一名教师,我要把经典文化推广进行到底。"

当时,学校正组织教师研发阅读经典课题,叶世蛮老师积极参与,编撰了校本教材《诵读吧》。《诵读吧》基于孩子年龄特点和认知水平,按照由浅入深、循序渐进的原则,精选古今中外经典文学作品,并将古代诗文加注拼音、注释和译文,配以孩子们的精美手绘,辅以"帮你解字""助你说文""请你评学"等助学板块,既便于诵读,又能激发想象,还可以促进亲子共读。

每次接班,叶世蛮老师会结合《诵读吧》,推荐"日有所诵""课外美文",指导学生朗诵。早上晨读,午间午诵,再加上每节语文课前的两三分钟,一天至少有四十分钟的诵读时间。为提高效率,叶世蛮老师依循艾宾浩斯记忆遗忘规律,将一个学期要学习的内容列成表,贴到教室的公告栏上,由领读员根据这张表带领同学诵读。

叶世蛮老师反复强调,学习经典不能靠死记硬背。经典是美的、好的,死记硬背只会让孩子畏难和厌烦,进而对经典也产生排斥之感,效果适得其反。他总是告诉孩子们:随手拿起一本书、一张报纸、一本杂志,不必为了提问、作评估或者写报告,纯粹凭兴趣阅读,好好享受阅读之乐吧!

他还教孩子们使用阅读工具,如用阅读存折、阅读履历表、微信小打卡、钉钉打卡等培养阅读习惯;用导读单、阅读单等实现有效阅读;用思维导图、手抄报、微视频、好书推荐会、读书札记本、课本剧等记录、分享读后感。

此外还有演讲这个重头戏。叶世蛮老师所教的班级,按学号轮流,每天会有一名学生登台演讲,可以分享读后感,也可以讲故事,每次两三分钟。一学期下来,每个学生上台的机会达到两三次。孩子们还会选出本周演讲之星或本周故事之星,每个月有月冠军,每个学期还有学期冠军。

这样的活动均由学生主持、学生参与,充分发挥了学生的主体性。

一方面,孩子们的演讲能力、组织能力显著提升,另一方面通过故事或新闻中的实际例子,加强了孩子们擅思考、明是非、辨美丑的能力。学生的精神面貌也随之发生了天翻地覆的变化。他们在演讲中发现自己、肯定自己,展示欲得到满足,性格变得阳光起来。而且,当一个学生脑子里有300个故事的时候,写作文自然不成问题。这些变化都令家长们倍感欣喜。

叶世蛮老师自己也在这个过程中不断修炼,力求能更好地引导学生。例如,他认真研读了《如何阅读一本书》《深度阅读》《整本书阅读的六项核心技术》等专著,内化之后再传授给学生,以提高学生的阅读效率。

正是在叶世蛮这样的老师的不懈努力下,阅读之风吹遍安阳实验小学,二十多年来,校园里书声琅琅、弦歌不辍。

叶世蛮老师倡导的阅读之风,不仅在安阳实验小学形成了浓郁的文化氛围,也逐步扩大影响到更广泛的社区。从 2014 年下半年开始,他受瑞安市图书馆邀请,参与"春泥计划"公益活动,为大众推荐经典读物。他分享的《三国演义》《水浒传》《古文观止》《世说新语》《鲁滨孙漂流记》等名著,受到民众的热烈欢迎。经瑞安市图书馆推荐,叶世蛮老师获评浙江省公共图书馆优秀阅读推广人。

从偏僻山村的孩子成长为深受学生爱戴的老师,从普通的语文教师转变为优秀的阅读推广人,叶世蛮老师始终保持对知识的尊重和对教育的热爱。这是他的内驱力,而学校也给予他全力支持。他的故事让我们看到,一位教师和一所学校是如何通过点滴积累,助力孩子成长、推动社会进步的。

第四节
大胆引人才：
从"教育素人"到"校园人气王"

第一次探访安阳实验小学的人，都会对我们拥有一大片"田园风光"感到震惊。走进占地 6 亩(约 4 000 平方米)的植物园，其中分布着蝴蝶园、草药园、萌宠馆、昆虫馆、"米格"种植……穿梭其间，仿佛置身野趣盎然的森林。更令人惊讶的是，我们还为这片田园设了一位主理人，他就是人称"盖总"的盖叶彬老师。这对一所小学来说，似乎过于奢侈了。殊不知，这可是我的"得意之作"！

当初规划植物园时我就打定主意：专业的事必须交给专业的人做。打理植物园，涉及场馆设置、物种选择、群落管理、生态保护、设施维护等，都需要专业的知识和经验，不是一般教师能承担的。这也是不少学校想搞自然主义教育，却始终搞不起来的原因。所幸，我遇到了盖叶彬老师。

盖叶彬老师在乡村长大，对自然风物本就熟稔于心，大学学的又是园林专业，由他主理植物园，可谓"专业对口"。不过，真要将此等人才引进学校并非易事。

我初识盖叶彬老师的时候，他和朋友在瑞安陶山办了个小农场，正自得其乐，跨界当老师，他想都没想过。何况，盖叶彬老师既不是师范毕业，又没有教学经验，以现行的体制，把他招入学校是有难度的。总之，我一方面要说动盖叶彬老师，一方面要在行政上为特殊人才"开绿灯"，为此颇费工夫，很有点儿《水浒传》里吴用"赚"卢俊义上梁山的味道。最后，通过"柔性引才"的方式，盖叶彬老师成功加盟，成为安阳实验小学"教研天团"的一分子。

当然，引进一位"教育素人"，我是冒风险的。但改革哪有不冒险的？而且我坚信，教育行业需要输入盖叶彬老师这样的新鲜血液。

事实证明，我的选择没有错。盖叶彬老师来之前，植物园还是一片待开发的处女地，他接手后，不久就把这里营建成了儿童乐园。他自己也深受孩子们的欢迎，在孩子当中的知名度超过大多数任课教师，是妥妥的"校园人气王"。

盖叶彬老师是如何做到的呢？首先当然是依靠知识的魅力。

盖叶彬老师堪称植物园里的百科全书，举凡动物、植物、土壤、养殖、气候……孩子有任何问题，他都能解答。开展"米格"种植项目化学习前，他从蔬菜分类、播种要点、田间管理等维度做了细致介绍，并指导孩子根据土壤颜色、天气变化、蔬菜品种等开展锄草、浇水、施肥等工作。在孩子眼中，像盖叶彬老师这样知识渊博，又能解决实际问题的"大哥哥"，自然极富吸引力。

更重要的是，盖叶彬老师凡事遵从孩子天性，处处为孩子设想。这才是他赢得拥戴的核心竞争力。

举一个很小的例子。盖叶彬老师发现，孩子们在植物园里穿行时不爱走寻常路，而是喜欢抄近道，久而久之，从花草间踩出了一条捷径。这对花草的生长当然是不友好的，一般管理者遇到这种情况，习惯一禁了之，还要对违规者施加惩罚。盖叶彬老师却认为，这说明原本的道路规划有问题，不符合实际需求，因此，要改的是路线，而不是人的偏好。于是，他给这条自发形成的土路铺上砖，使之成了一条真正的路。如此贴心的老师，孩子怎能不爱！

在调动孩子积极性方面，盖叶彬老师也很有一套。比如，萌宠馆每逢周一、周三、周五才开放，这是巧妙运用"饥饿营销"，让孩子们保持新鲜感。锄草辛苦乏味，大约是最不受欢迎的劳动项目了，天性活泼的孩子普遍不愿意干这个活。盖叶彬老师的处理方法是，把锄草和喂萌宠挂钩，规定谁去拔草，就能拿这些草喂养动物。这一下子激起了孩子们的兴趣，争着、抢着去拔草。

正因为以儿童为本位，盖叶彬老师对孩子的启发和引导非常有效果。他"改造"黄同学的故事就很有代表性。

黄同学热爱昆虫，一下课就往昆虫馆钻，玩着玩着入了迷，上课铃响了也不回教室。为这，班主任找他谈过好几次。黄同学是特别聪明也特别有主见的孩子，还有点儿叛逆心理，老师越不让干什么他越干得起劲，因而昆虫馆他去得更勤了。盖叶彬老师没有立即干涉，黄同学不是喜欢昆虫吗？那就和他聊昆虫的种类、习性、结构，还经常送他蟋蟀、蜗牛，让他回家观察和记录。

随着两人建立起信任，盖叶彬老师以朋友的身份循循善诱。这显然比单纯的呵斥、制止有用。黄同学渐渐有所改变，找到了研究昆虫和学习之间的平衡点。他也懂得了做事不应任性而为，而要考虑别人的感受。

"这其实是在培养规则意识。"一次交流中,盖叶彬老师对我说。在他看来,孩子或多或少都具有"破坏力",但只要加以引导,让他们意识到遵守规则、与人合作的必要性,破坏力就能转化为创造力,迸发出巨大能量。

经过盖叶彬老师的精心营建,学校植物园成为孩子们的绿色天堂。很多孩子已经毕业了,还时不时回来看一看盖叶彬老师,和萌宠、昆虫们亲密接触。

从一个没有经验的"教学素人",成长为受欢迎的"校园人气王",盖叶彬老师的教学生涯充满了挑战和创新。他的成功不仅在于他所具备的专业知识,更在于他对孩子的理解和尊重。他的实践证明,教育行业需要更多的新鲜血液和创新思维,只有这样,我们才能为孩子创造更好的学习环境和发展空间。

第五节
野蛮其体魄：他们充满阳光又身怀绝技

1917年，毛泽东在《新青年》杂志上发表《体育之研究》一文，做了这样的表述："近人有言曰：文明其精神，野蛮其体魄。此言是也。欲文明其精神，先自野蛮其体魄；苟野蛮其体魄矣，则文明之精神随之。"

如何"野蛮其体魄"？体育是重要的方式。这也是学校开设体育课的原因。只可惜，作为一门副课，体育课一直未得到应有的重视。很多人都有体会，当年上学的时候，体育课经常轮番被主科老师"霸占"，一学期根本上不了几节。现在体育课被晋升为主课，境遇已大为不同。但是，体育在学校教育中相对边缘的处境并未发生根本性变化。

其中，师资是一大短板。据我了解，不少学校尽管配备了专业的体育设施，却苦于师资不足，教学质量难以保障，致使体育课往往流于形式。

相比之下，安阳实验小学在这方面积累了一些经验——因为我们打造了一支优秀的体育教师队伍。这是一群既充满阳光又身怀绝技的人。赛场上，他们英姿飒爽，青春昂扬；工作中，他们勤勤恳恳，认认真真；生活中，他们快快乐乐，堂堂正正。由于他们的努力，安阳实验小学的体育教学搞得有声有色，不仅打造了诸多精品课程，学校的各支运动队也在省市级比赛中取得了出色战绩。

以篮球运动为例。打篮球需要涉及跑、跳、投等人体基本活动，并掌握篮球基本技术、战术等。经常打篮球，可以提高人体基本活动能力，发展灵敏度、速度、力量和耐力等身体素质，促进儿童的身心正常生长发育。

安阳实验小学拥有一支强大的篮球教练队伍。

U10男篮教练蔡哲，毕业于篮球名校宁波大学，大学期间曾获得CUBAL（中国大学生篮球联赛）浙江赛区冠军。工作期间，他参加各级各类篮球比赛，获得多项冠军以及优秀运动员称号，多次被社会球队聘为教练。2021年，蔡哲老师担任安阳实验小学U10男篮教练，带领球队获得瑞安市第二届小篮球比赛季军，同时荣获

"瑞安市优秀教练员"称号。

U12男篮教练宋肖杰，毕业于浙江师范大学，瑞安市骨干教师，曾获浙江省、温州市等篮球优秀教练员，带队获得过省级第四名，市级第一名、第四名、第六名等成绩。值得一提的是，宋肖杰老师还参与开发了"营养与健康"课程，他的"营养·运动·健康之身高篇"，为学生讲解长高所需的营养素（蛋白质、钙、锌、维生素D、维生素A），让学生认识到适当运动和合理膳食对促进身高增长的重要性。

我们的乒乓球课也极富特色。乒乓球运动是通过一系列的手眼配合等连贯动作，锻炼孩子的手眼协调能力、大脑的反应能力，发展孩子的力量、速度、耐力、灵敏度、柔韧性等，并且能够开发儿童的智力思维。乒乓课老师虞思威是国家二级运动员、一级裁判员、教练员，经验丰富、教学耐心，曾带队荣获瑞安市中小学乒乓球比赛小学男子团体第一名、温州市中小学乒乓球比赛小学男子团体甲组第二名，并多次挺进瑞安市中小学乒乓球比赛小学团体前四名。

安阳实验小学还开发了一些"冷门"体育课程，比如说击剑课，每一位前来考察的同行都大为震撼。

其实，开设击剑课是经过认真考量的。击剑起源于古代剑术决斗，被誉为"绅士运动"，是奥运会的传统竞赛项目之一。击剑姿势优美、动作潇洒，被誉为"格斗中的芭蕾"。这项运动交锋频繁，战术多变，既需要出色的体能，又讲究技巧的优雅，更考验选手的智慧与应变能力。我们认为，击剑有利于培养和提高孩子的勇气、敏捷度、专注力还有思维能力，堪称"一专多能"。

师资配备上，学校为此颇下了一番功夫。

陈洁老师，本身是瑞安最早从事花剑运动的人，有"瑞安花剑开拓先驱"之称。他还是国家三级击剑裁判员、中国击剑协会注册教练员，有着二十多年的体育教育经验。在陈洁老师的带动下，一大批学生成为击剑爱好者。在2020年温州市青少年学生阳光体育运动会小学生击剑锦标赛中，学校击剑运动员勇夺小学男/女甲组花剑比赛团体双冠军。

学校特地建了击剑馆，供师生们训练、比赛用。2021年和2023年，安阳实验小学举办了击剑（花剑）邀请赛，瑞安十几所学校的数十位小运动员参加。

近年来，学校还开发了拉丁舞、啦啦操、花样轮滑、网球等精品拓展课程，聘请校内外专业教师执教，全面发展学生的核心素养，深受学生喜爱。

　　体育教师是学校教育中不可或缺的重要角色。他们不仅教授学生运动技能，更通过体育活动培养学生的团队精神、竞争意识和坚韧不拔的意志。在这个愈发注重学生全面发展的时代，体育教师的作用愈发重要。他们帮助学生建立起健康的生活方式，提高身体素质，也为学生的心理健康保驾护航。

　　然而，优秀的体育教师并不是随处可见的资源。培养他们需要时间、精力以及专业知识的投入。因此，加大对体育教师培养的投入，提升他们的专业水平和教学能力，对于提高整个体育教育的质量至关重要。只有拥有了足够数量和高质量的体育教师，我们才能真正实现"野蛮其体魄，文明其精神"的目标，让每一个学生都能在体育活动中找到乐趣，健康成长。

第十章

总结与回顾
——面向未来的"尊重教育"新理念

　　我从 1992 年迈入教育界，至今已有三十余年了。作为老师，陪伴学生成长；作为校长，助力教师成长。其间甘苦，如鱼饮水，冷暖自知。行百里者半九十，教育，就是不断学习、不断成长的过程。面对全球先进教育经验的冲击和人工智能的迅猛发展，我不断叩问教育的本质。

　　在"尊重教育"这条改革的道路上，我们会遇到阻力，受到质疑，但我们始终相信，只要坚持正确的教育理念，勇于实践、不断创新，就一定能够为孩子们的成长提供更加广阔的天地，让他们自由翱翔，让他们成为能够为这个世界带来正能量的社会公民。

第一节
真善美乐：我心目中的"幸福少年"画像

伴随核心素养时代的到来，如何基于儿童立场整体推动学校改革，持续助力学校高质量发展？面对新挑战、新要求，如何让一所久负盛名的"金名片"学校，走出"第二增长曲线"？归根结底，问题还是在于，今天我们究竟需要什么样的教育，培养什么样的孩子？2018年2月，当我在阔别七年之后重回瑞安市安阳实验小学"接棒"第四任校长时，上述问题就萦绕在我心间。

为此，我带领团队在传承的基础上持续实践创新，推进学校系统改革，重塑学校生活样态。在这个过程中，我也形成了自己的观察和思考。

安阳实验小学为什么能获得孩子、家长、同行及社会的广泛好评？关键在于坚持"尊重教育"的理念。"尊重教育"强调尊重人格、尊重差异，其本质是尊重儿童的本性，主张儿童人格平等，无论其发展存在何种差异，都要竭尽所能给予支持与帮助也就是要"尊重儿童"。在多年实践中，"尊重儿童"已成为学校办学的核心价值遵循，教师对此有着普遍认同，并能很好地诠释与运用。

找准这一文化支点后，我们结合新时代对"尊重儿童"的新要求，寻找推动育人方式改革的理论依据。最终，将育人的目标锁定为"培养真、善、美、乐的幸福少年"。"真善美乐"也成为安阳实验小学的校训。

据此，我勾勒出了心目中的"幸福少年"画像——他们要尚真、尚善、尚美、尚乐，即会创新、会合作、会审美、会生活。

在我看来，兼有"真善美乐"的孩子是幸福的，因为他们拥有了构建幸福人生的关键要素。"尚真"让他们聪明而坚定，善于且勇于创新；尚善让他们温暖而富于亲和力，能够与不同的人合作；尚美让他们情感丰盈，有艺术细胞；尚乐让他们阳光而健康，懂得生活。这样的孩子，内心既强大又平和，犹如在人生旅途上播下了幸福成长的种子。

根据"真善美乐"校训，我们对现有课程进行梳理、整合，逐渐形成以"五育融合"、自主选择、跨学科整合为基本特征的"四尚"课程体系。

一、"尚真"课程

这类课程是国家课程校本化实施的特色板块,既以学科为基础又超越学科边界,旨在培养学生的求真精神和探索志趣。设计这类课程时,我们要求以各学科核心素养为课程目标,课程内容要与学科教材相匹配,作为国家课程的延展与补充,如语文学科的"群文阅读课程"、数学学科的"乐思趣玩课程"、劳动学科的"知味知道课程"等。目前每门学科都有与之相匹配的校本课程,形成系列化的微课程群,体现精品化、特色化的特点。这类课程既基于国家课程的目标导向,又立足于校情、师情、学情开发,更符合学校实际,也更贴近师生的教与学,对学生学科素养的提升发挥着较大作用。

二、"尚善"课程

这类课程属于跨学科综合性研究类课程板块,旨在培养学生的善良志趣。在课程内容设计上,我们主要选择学生关切的社会热点、生活趣事等设立为研究项目,如家乡河流污染治理、生活垃圾分类、儿童友好城市建设等,旨在引导学生融通多学科知识解决实际问题,养成洞察世界、关注生活、善待他人的良好品质。

在学校的大主题之下,每个年级分别设计分主题,如一年级的"一棵树的价值",二年级的"昆虫世界",三年级的"水的世界"等。教师会带领学生开展为期一个月的项目化学习,学校还专门开展为期一周的"不上课,只学习"项目化学习周展示活动,鼓励学生在发现问题、提出问题、探究问题、解决问题的过程中形成实践智慧,提高综合能力。

三、"尚美"课程

这类课程是培养学生特长的社团课程板块,旨在培养学生的审美雅趣。课程涵盖传统文化、艺术审美、身心健康等六个不同领域。比如:传统文化类的温州鼓词、瓯越陶艺、锡器制作等课程,这类课程以弘扬优秀文化、引导学生传承和创新为目标;聘请非遗传承人亲自执教的非遗课程,旨在引导学生了解和感悟非遗文化的独特魅力;我们还引进社会体育文艺俱乐部开设体艺审美类课程,包括击剑、轮滑、冰球、武术、啦啦操、管弦乐、拉丁舞等,学生可以根据自己的兴趣爱好、个性特长选择心仪的课程。此外,学校还开发了长周期的图书馆、美术馆、博物馆等自主规划课程,学生可以在课余时间结合校内外资源进行自主学习。

目前安阳实验小学共开设了86门社团课程,学生可以在网络上自主选课、走班上课。

四、"尚乐"课程

这是激发学生好奇心,培养想象力和创造力的课程板块,旨在培养学生的乐创逸趣。课程涵盖劳技类、创客编程类、社区服务类、社会实践类等。比如木艺制作、小发明、3D打印等课程,不仅有助于学生提高动手能力,还启迪了学生的创造智慧。这一课程板块中还有鼓励学生讲述自己奇思妙想的"吹牛"课程,但要求学生在"吹牛"的同时还要想办法将其落地,变成现实。

我们认为,永远让孩子看到希望,这也是教育应有的样子。为了更好地实施这类课程,学校专门搭建了各类体验空间,学生在创意空间、创想氛围中可以不断激发自身的创造热情。如学生可以在水资源展览馆参加科技竞答游戏化学习,在"米格"种植园开展生产性劳动体验,在球形展览厅展示书画作品、开个人演奏会等。

为确保"四尚"课程体系顺利运作,我们重塑了时间观、空间观以及学习观。

重塑时间观,优化学生的学习生活体验。我们充分尊重学生的身心发展规律,在不增加学生在校时间总量的前提下,灵活设置教学时间、作业时间、活动时间和课后服务时间,并通过设计大小课、长短课、项目化学习周、劳动体验周等方式,构建灵活弹性的教育教学时间安排。

重塑空间观,拓宽学生的学习生活场域。学校空间是师生学习生活的重要场所,也是学生体验社会生活的真实场域。为此,学校空间重构要体现对儿童的关注、对教育的理解,从"为集体授课而建"转向"为个性学习而建",真正成为促进学生个性化成长的"生命场"。

重塑学习观,转变学与教的方式。一方面对接真实生活,创造多样态学习方式。例如在项目化学习中,学生基于真实生活情境提出有价值的问题作为驱动性任务;另一方面,链接综合素养,以"自主作业"撬动学与教的改革,将作业的设计权、选择权交给学生,激发学生学习的主动性。

　　我经常说,生命是一条宽广的河,教育者不能限制儿童的生长边界。我们应该把教育拉长,以小学六年的学校生活影响孩子一生;把教育拓宽,从分数和特长之外的习惯、能力、情商、人格等角度塑造孩子。培养"真善美乐"的幸福少年,正是"拉长"和"拓宽"的结果,也是面向未来的教育。

第二节
无用之用：对教育本质的再思考

改革不可能是一帆风顺、一蹴而就的。事实上，自从提出"尊重教育"理念并付诸实践，这一路走来，我们遭到过不少质疑，也经受了很多考验，如果没有坚持的韧劲，注定走不到今天。

其间，我们受到最多的"灵魂拷问"，多是关于"有用"和"无用"的发问。经常有人会问：学生不好好待在教室里听课，跑去田野"学农"、社区搞调查、奔赴企业"学工"有什么用？放学了不好好写作业，进行体育锻炼、参加劳动实践有什么用？做完作业不好好预习功课，读课外书、画绘本有什么用？

按照一些人的标准，孩子只有两耳不闻窗外事，埋头啃课本、刷题，背诵生硬的知识点，不停地奔波于补习班，才算"有用"。相反，鼓励孩子走出课堂、走出校园，走进大自然、走进社会；让他们聆听鸟鸣蛙叫、流水潺潺，去看小草发芽、花儿绽放，去感受大自然的广阔丰富；从各种有益的活动中开启心智、发扬个性；在浩瀚书海里尽情遨游，广泛涉猎；与各色人等对话交流……这些都是"无用"的。

可我不这么认为。

当然，课堂知识、书本知识都很重要，也很"有用"。分数就更"有用"了。分数可以让孩子考上好学校，获得敲门砖，找到好工作，赚取高收入。我们喜欢说"知识改变命运"，通常就是于此而言的。其实，了解我们的人知道，安阳实验小学的学生都是品学兼优的。但这不是最重要的。重要的是，这六年的小学生涯他们是在快乐中度过的，收获的不只是知识，还有开阔的视野、健全的人格、社会化的技能，师生间的情谊……

这些东西看似无用，实际上最珍贵、最有价值的恰恰是"无用之用"。

在这里，我想通过美国社会教育家厄尔·夏润思的故事加以说明。

厄尔·夏润思立志向底层民众传授哲学、历史、文学等人文知识。很多人不理解：底层最需要的难道不是生存技能吗？教人文知识，太脱离实际了！殊不知厄尔是经过深思熟虑的。

原来他发现，美国的底层民众最欠缺的是与人沟通、理解他人的能力。由于缺乏这种能力，在争取自身权益时，他们习惯诉诸争吵、暴力等非理性行为，结果适得其反，甚至容易激起极端事件。在亲子关系中，底层民众也更信奉"棍棒底下出孝子"，致使家庭教育充斥着暴力色彩。

厄尔认为人性是向善的，很多人只是不知道路径和方法罢了。这可以通过阅读经典来弥补。1995 年，厄尔与美国巴德学院合作，开设克莱门特人文课程，带领人们阅读西方人文经典，将哲学、历史、艺术、文学等知识传授给底层民众。效果极其显著，凡是长期参与课程的人，其人际关系、社会境遇都改善了。凭借此贡献，克莱门特人文课程教育机构被授予了美国国家人文科学勋章。

厄尔的实践可谓是"无用之用"的生动写照。我从中得到的启示是，成年后才接受这样的教育已然晚矣，再怎么教，充其量也只能是弥补遗憾。中国的基础教育工作者有条件也有责任从娃娃教起。

安阳实验小学的"尊重教育"改革，正是循着这条逻辑线展开的。我们的很多改革举措，在外界看来，与书本知识无关、与分数无关、与升学无关，实际却真正激发了孩子的兴趣，有益于孩子的身心健康，提升孩子的综合素养，培养孩子的健全人格，为孩子人生奠基。其实，真正陪伴孩子，奠定其终生幸福的，不一定是"有用"的具体知识，而是那些看似"无用"的品性、操守、习惯、意志、心态、能力、人格……

正因如此，我们坚信，"尊重教育"改革所蕴含的"无用之用"是教育最宝贵的财富。在这个快速变化的时代，知识更新换代日新月异，但无形的财富才是支撑孩子走向未来的坚实基石。我们的目标，不是培养会考试的学生，而是培养能够适应社会、理解他人、具备同理心和创新能力的全面发展的人。这样的教育，才能真正称得上是"尊重每一个生命"的教育，也是安阳实验小学全体教育工作者共同的信仰和追求。

在这条改革的道路上，我们会遇到阻力，受到质疑，但我们相信，只要坚持正确的教育理念，勇于实践、不断创新，就一定能够为孩子们的成长提供更加广阔的天地，让他们自由翱翔，成为能够为这个世界带来正能量的社会公民。这既是我们的责任，更是我们无上的荣耀。

第三节
他山之石：来自北欧小国的启示

在实施"尊重教育"改革的过程中，我们也广泛吸收、借鉴古今中外的教育实践，并内化为自己前行的动力。这其中，北欧国家芬兰的教育给我留下了深刻印象。其实，芬兰教育在国际教育界素来享有盛誉，各国的教育工作者都在研究它、学习它。"他山之石，可以攻玉"，拆解芬兰教育的秘密，对于完善"尊重教育"理念、深化"尊重教育"改革，有着重要价值。

芬兰教育最大的特点是平等。这体现在方方面面。

在学校资源的分配上，无论是城市还是乡村学校，其设施和师资力量几乎没有差别，从而确保了教育资源均等化。特别是芬兰的综合学校体系，有效消除了种族、阶层、语言、家庭收入等因素对学生教育的影响，打破了分流制度造成的社会阶层分化，真正实现了教育公平的理想。

芬兰的学校不打"鸡血"、不搞排名，也不提倡精英教育，而是平等地对待每一名学生。衡量学生的标准也是多元的，成绩不是唯一甚至不是最主要的标准，兴趣、才能、个性都被放在需要同等考量的维度。因此，芬兰的学校不存在"优生""差生"这样的分类，人人都是好孩子，都有成长空间。

芬兰教师秉持"不让一人掉队"（No child left behind）的原则，当学生出现短暂学习困难时，教师会立即提出矫正计划，进行有针对性的辅导。

芬兰著名教育家克里斯蒂·隆卡如此总结芬兰教育的优势："芬兰的孩子从7岁到15岁都接受一样的教育，大家都有免费的午餐，不管是富人、穷人、移民，还是有特殊需求的学生，都在同一个教室里学习。芬兰非常注重平等，没有资优教育。在芬兰利用学校赚钱是违法的，所有学校，甚至书本都应该是免费的，一直到15岁，这一点很重要。"

那么，芬兰教育旨在培养什么样的人呢？答案是，具备综合素养的人。芬兰教育认为，单一学科已不足以应对高度复杂的信息社会，现在的学生需要拥有多个学科领域的综合知识与能力。

2016 年,芬兰在中小学全面实施新一轮课程改革,提出跨界能力或综合素养培育的育人目标定位。跨界能力或综合素养是在特定情境中灵活运用知识和技能的一种综合能力,是学生成为未来社会合格公民的必备条件。为此,芬兰国家课程标准提出七大方面综合素养,分别为思考和学习素养,文化理解、交往和自我表达素养,自我照顾和日常生活管理素养,多元识读素养,信息技术素养,就业和创业素养,以及社会参与和构建可持续未来的素养。

芬兰学校采用主题教学(也就是我们的项目化学习),这是涵育学生综合素养的有效工具。主题学习打破学科界限,让学生对知识有更全面的理解。例如,学生可能会在森林中上生物课,观察不同植物和动物的生存环境,这种贴近实际的学习方式能激发学生的学习兴趣和探索精神。

教学方面,芬兰人反对灌输式、"填鸭式"教学,而是着力培养孩子的自主学习能力和实践能力。

杜威的"做中学"是芬兰教育的根本理念之一。早在 19 世纪,芬兰就将手工教育(相当于我们的劳动教育)作为学校必修课写入国家法案。手工教育并不是直接培养职业技能,其目的是让学生获得综合能力,如情绪调控能力、形象思维和艺术能力、身体灵巧度和动手能力。

芬兰的小学课堂真正做到以学生为主,教师只是引导和辅助。芬兰教师不需要掌握所有的学科知识,而是重在传授学习方法和通用技能。

相应地,芬兰的教师拥有较为宽泛的专业自主权。教师可以自主选择教材、设计课程方案、开展教学、对学生进行评价。教师既无职称评审机制,也较少受其他外部评价限制,收入待遇主要与教龄长短挂钩。高度的专业自主地位使教师在芬兰一直是受人尊敬的职业。

我还关注到,芬兰人同样非常重视空间的作用。

芬兰学校的空间设施,功能并不是单一的。同一个场所可以承载表演、集会、庆典、进餐等多种功能。校园中除了开展常规教学活动的教室外,还有很多非正式的学习空间,如楼道桌椅、沙发和圆桌等,这些场所是教师与学生谈心、学生间探讨、交流问题的绝佳场地。

值得一提的是,很多芬兰学校,教室与教室之间以"活页墙"相隔,可以随时打开或关闭。通过教室的连通性设计,打破班级及年级的界限与神秘感。有些学校的教室白天是师生的活动场,晚上就成为附近居民的操作间和健身房。学校空间和家庭社区形成紧密关联,利于家校社合作共育。

按照芬兰国家课程标准的界定,学习环境不仅包括学校建筑和设施设备,还包括学校周边的自然环境。这方面芬兰的学校可太令人羡慕了。得天独厚的森林与湖泊资源让芬兰的学习空间更为开阔。在芬兰,一些幼儿园可以直接开在森林里,所有活动都放在室外进行。很多中小学建在湖泊或森林旁,以森林或湖泊为教室、以天地为教科书,是名副其实的自然教育。

在国际教育界,芬兰教育取得的成效是有目共睹的。在历年来的 PISA 测试(国际学生能力评估计划)中,芬兰多次居全球首位。

其实,安阳实验小学推动的"尊重教育"改革,从课堂改革、课程改革、学习方式改革到重塑学校的空间观,很多方面与芬兰教育不谋而合。我们将继续探索和实践,将芬兰教育的精髓与我们的具体实际相结合,努力为每一个学生创造更加公平、自由和富有创造力的教育环境。我们将在"尊重教育"的旗帜下,培养出更多具有创新能力、综合素养和社会责任感的未来公民。

第四节
未来已至：拥抱人工智能新浪潮

当前，最热门的公共话题莫过于人工智能。

2023 年 3 月，美国人工智能研究实验室 Open AI 发布了聊天机器人 ChatGPT 的最新语言模型 GPT-4，这一突破性进展立即引发全球关注。在广大网友的调教下，GPT-4 展现出了惊人的能力：

> 参加美国高校的入学资格考试（SAT），成绩达到中等学生水平；
>
> 以美剧《老友记》主角的口吻创作了剧本对白；
>
> 生成关键词指导 AI 作画；
>
> 构思了简短的侦探小说；
>
> 简要阐释了经济学理论；
>
> 给出了消除经济不平等的建议；
>
> 猜想人类实际上想让计算机做什么；
>
> ……

在此之前，公众对人工智能的认知，还停留在能打败国际象棋冠军、围棋冠军的层面。遥想 2017 年，世界围棋第一人柯洁与阿尔法狗对弈，以 0 比 3 完败，举世震惊。即便如此，人们还是觉得，人工智能固然拥有强大的计算能力，但在想象力、创造力方面还与人类差得很远。GPT-4 的问世却颠覆了这一认知。当人工智能能写出不亚于作家的小说、生成不亚于摄影师的视频、编写不亚于程序员的代码，产生的震撼那就太惊人了。媒体惊呼：人工智能时代降临，AI 将要取代人类！

人工智能在教育领域也激起了强烈反响。

GPT-4 令人惊叹的学习能力，正是基于人类的一种特殊认知机制——注意力机制。认知科学表明,为合理利用有限的视觉信息处理资源,人类会选择性地关注所有信息中的一部分,忽略其他可见信息,这被称为注意力机制。例如人在阅读时,只会关注和处理少量被读取的词。注意力机制使人类能对纷繁复杂的信息进行筛选,迅速提取有效信息,提高学习效率。而凭借强大算力,人工智能在这方面的表现更为优异——它能快速迭代。比如 GPT-4 问世不到两年,已经升级了好几代。

这一能力既源于人类认知又超越人类极限,从双重维度颠覆了传统教育模式。

首先,学生学什么、怎么学? 像以前那样靠死记硬背、题海战术是行不通了,这样训练出来的学生,注定被 AI“秒杀”。我们真正需要重视的,是培养学生的综合素养,为他们打下身体发展、人格发展、学力发展和社会发展的基础。这些才是人工智能无法取代人类的部分。这个过程中,AI 应该是为我们所用的学习“利器”。事实上,国内外都已经开始尝试用 AI 做家教,对孩子进行辅导。据我观察,效果还不错。

第二个问题随之而来:人工智能都那么强大了,教师还能教什么、怎么教? 有一种声音认为,随着人工智能的进步,AI 教师将成为课堂的主角。

我相信在不久的将来,AI 教师就会广泛应用于课堂教学,但这并不会让人类教师被边缘化,甚至消失。道理很简单,孩子不是机器,他不只是需要获取知识,更需要从人与人的交往中获得情感价值。而人工智能说到底是个工具,它同人交流是基于算法,对于真实世界并无真切的感受力。它没有喜怒哀乐,无法与人共情,这正是人类教师不可取代的地方。

当然,这不是说人类教师就可以高枕无忧,只会“填鸭”的教师确实会被取代。新时代的教师应该做 AI 不会做的事情。

AI 不会做什么呢? 我们反复强调,人工智能依靠算法,而算法的实质是现有信息和知识的组合。这种组合自然是千变万化的,但说到底是“组合”,由 AI 生成的程序、文本、图像、音乐,莫不如此。AI 不能形成原创性知识,更不能像人一样通过实践创造新知识。

因此,AI 只是“智能”,不是“智慧”。复旦大学哲学学院教授、人工智能专家徐英瑾就指出,即使得到深度学习技术所提供的强大算力的支持,AI 也难以逼近通用人工智能的目标——人类的智慧。人工智能虽然模仿了人类神经网络的工作原理,却不能复刻人的思维方式。

这恰恰是人类教师之所长。尤其在"双减"政策背景下,教师更应该注重激发和培育孩子的想象力和创造力,在 AI 使不上劲的地方发力。

这个过程中,人工智能将是很好的工具。实际上,过去十几年,数字技术已经对教学方式、学习体验、学生评价、教师管理等产生了深刻影响,人工智能将加速这一过程,以一种颠覆性创新的态势,拓展系统内各要素的内涵,改善和延展系统内部关系,重塑教育系统的功能与形态。

具体而言,借助 AI 的力量,将线下教学场所和线上学习场所都纳入"学校"范畴,整合社会各领域的教育资源,形成全新的育人环境。同时,数字孪生等新技术促进现实空间与虚拟空间的交互融合,通过创建人、物、环境数字孪生体,实现物理空间与数字空间的双向映射、动态交互和实时连接。对教育系统内部的升级改造以及空间资源的拓展,能够使其更好地与社会领域衔接,更好地提供适应未来生活和工作的创新人才成长场所。

运用人工智能,不是为了让孩子会背代码、算数学、写程序。人工智能作为新型学习载体和认知路径,其教育应用的终极目标,是让学生掌握学科基本原理,培养问题解决能力,建立批判性思维并激发持续的学习兴趣。

我们常常企盼遥远的未来,而现在,未来已来。基础教育拥抱人工智能,已然是正在发生的事实。教育工作者必须顺应趋势,转变教师角色,改革教育系统,更好地迎接人工智能的挑战和机遇。在人工智能时代的浪潮中,让我们共同创造充满希望和可能性的教育未来。

第五节
一路走来：我和"尊重教育"理念共成长

我从 1992 年迈入教育界，至今已有三十余年了。我做过一线教师、班主任，当过大队辅导员、政教主任，还在温州团市委、瑞安市教育局挂过职。回望来时路，我深感每一步跨越都有收获，每一份付出都有回馈，每一寸光阴都很珍贵！从乡镇到城市、从教学岗到管理岗，有四次蜕变对我的成长起到了至关重要的作用。

一、蜕变一：从乡镇到城市，视野更开阔

1992 年，我从瑞安师范学校毕业，被分配到瑞安市马屿镇清祥小学，担任语文教师。那个年代的乡镇学校，正规师范院校毕业的教师并不多，我算是"香饽饽"。因此，我颇受青睐，获得了很多机会——教师基本功大赛、演讲比赛、优质课评比、教坛新秀评比等，几乎参加了遍。这让我迅速成长。

印象最深的是，由于教学观念比较新，表达能力也比较强，在说课评比中我得到了市教研员的高度评价，被请到城里的学校做示范讲课。

或许是表现还算优异，给市教育局留下了良好印象吧，所以当 1999 年瑞安市安阳实验小学创办时，我受命来当语文教师。虽然已有 7 年教龄，也获得了若干荣誉，但我仍然诚惶诚恐，有一种如履薄冰的审慎。毕竟，城乡之间的生活方式和教育理念存在着差异，我不禁自问：我能行吗？

很幸运，我遇到了安阳实验小学创办者阮爱华这位好校长，以及其他经验丰富的好同事、慕名而来的优秀学生，在他们的鼓励、帮助与包容下，我很快适应了新环境。从语文教师、班主任到大队辅导员、政教主任，我一步步成长，分明感受到自己的能力在不断提升，知识在不断增加，视野也在不断开阔。我不再是那个有点儿"社恐"的乡镇教师了。

二、蜕变二：从懵懂到觉醒，与"尊重教育"理念幸福相拥

我对教育的理解也慢慢发生着变化。打一开始，我就反感以分数为标准，把学生分成"好生"和"差生"的做法，身体力行地杜绝之。我更愿意发掘孩子身上的闪光点，在我的班上，每一个孩子都是优秀的，不存在"差生"。对于盛行的"填鸭式"教育，我也不满，总是尽力"纠偏"。

但这还谈不到自觉，更多地，是出于一线教师的本能。真正让我从懵懂走向觉醒的，还是"尊重教育"理念对我的洗礼。

2001年，陈钱林出任安阳实验小学校长，干了一件在当时看来"震碎三观"的事情——宣称要打破"师道尊严"。中国人自古尊师重教，"师道尊严"就是具体体现。陈钱林校长却说这是"教师中心主义"，把学生置于不平等的位置上，消弭了学生的主体性，使其沦为被动接受知识的容器、无条件执行指令的工具。他要求老师走下"神坛"，俯身倾听学生的意见和建议，与学生协商、探讨，营造民主平等的风气。

这对于当时的我来说，真可谓醍醐灌顶。我觉得陈钱林校长为我们这样的年轻教师打开了一扇窗，很多事情一下子明了了，做事也有了底气。自此，我们成了陈钱林校长掀起的"教改旋风"的坚定追随者。

经过一段时间的实践，陈钱林校长牵头从全校网罗精兵强将，组建课题组，赋予教改以理论支撑。我有幸获得陈钱林校长亲自点将，加入课题组。

课题组的成员多为年轻教师，有青春的朝气、改革的勇气。我至今记忆犹新，大家在繁忙的教学之余见缝插针地抽出时间，查阅资料、撰写心得、互相讨论，最终，我们融会古今中外各种教育理念，依据安阳实验小学的教学经验，加以提炼、总结，随后将其理论化、系统化，构筑了"尊重教育"新理念。

这是安阳实验小学教研团队的集体智慧。我们每个人也受惠于此，在和"尊重教育"理念幸福相拥的过程中，得以加速成长，收获各自的教育幸福。

三、蜕变三：从教学到管理，全力打造"1+1"课堂

在安阳实验小学度过十个春秋后，我调往瑞安市实验小学任副校长，后来又调去瑞安市虹桥路小学任校长。这是我正式从教师岗转到管理岗，既是挑战亦是机

遇。挑战在于,校长要面临繁重的行政工作,我不仅要担当起来,还要担得住、担得好。机遇在于,我可以借助校长的力量,将"尊重教育"的种子播撒到更多、更远的地方。

当时,教育部提出要给中小学生"减负",这正是将"尊重教育"理念落地的契机。我针对性地提出了一个大胆的设想——重组教材。改革教师习以为常的传统课堂教学方式,可谓异想天开,我却顶住压力坚持了下来,带领虹桥路小学的教师团队,将传统的国家教材整合为三分之二的课程和三分之一的拓展性活动,并研制了本土化的"导索卡",构筑"1+1"课堂的新模式。

该项目成效卓著,获得了浙江省、温州市的多个荣誉,并在温州 14 所学校,乃至北京、绍兴、宁波等地推广与应用。2018 年 2 月,"1+1 课堂"获浙江省基础教育教学成果一等奖,成果专著《"1+1"课堂:基于"整合·拓展"的学科教学变革》正式在浙江教育出版社出版,同年,成果获国家级基础教育教学成果二等奖,为瑞安教育争获了最高的科研奖项。

四、蜕变四:从挂职到重返,"尊重教育"理念再升级

一路走来,我去过温州团市委、瑞安市教育局挂职。这段经历让我能够"跳出教育看教育",站位进一步提升,视野更加开阔。所以当 2018 年重返安阳实验小学担任校长时,我心中已经勾勒出一幅蓝图,要全力推进"尊重教育",并与时俱进,进行迭代升级。

2021 年 7 月,国家出台"双减"政策,要求减轻义务教育学生作业负担、减轻义务教育学生校外培训负担。这促使我们加快改革的脚步。

我们从课堂改革入手,让学生成为课堂的主人,实施作业改革,赋予孩子及家长自主作业的权利。通过项目化学习方式和课程体系的重构,打破学科壁垒,实现"五育融合"。与此同时,我们重塑学校空间,校园变身"博物馆群落",孩子成为"城市小农夫""护花小使者"。我们打造了"学校+社会"生态链,把大千世界作为孩子的教材。我们也改变了传统的学生评价模式,采用综合评价体系,凸显每一个孩子的闪光点。同时,大力推动教师管理模式改革,以"尊重管理"理念打造"教研天团",积极引入外部人才,强化师资力量,重新定义教育者的角色。

我们的努力得到了教育界同仁、社会各界的高度肯定。多年来,安阳实验小学

也收获了诸多荣誉。2024 年的钟声敲响不久,更是传来一则振奋人心的喜讯——安阳实验小学成为温州唯一一所上榜教育部义务教育教学改革实验校名单的学校!

我想,安阳实验小学之所以能取得今天的成绩,是因为坚持了长期主义,一代又一代校长把"尊重教育"理念传承、迭代、发扬光大,其中沉淀着几代"安小人"的智慧汗水与光荣梦想。

五、点滴感悟:未来的征途上看得更清、走得更远

在经历了四次重要的蜕变之后,我站在了一个新的历史节点上,回望过去,每一步都凝聚着汗水与泪水,每一次跃升都承载着希望与梦想。从一名普通的乡镇教师到城市学校的校长,从一线教学岗到管理岗,每一次的转变都是一次重生,每一次的挑战都是历练成长。

教育不仅仅是知识的传递,更是灵魂的触碰。它如同一座灯塔,指引着迷航者前行的方向;如同一股清泉,滋润着干渴心灵的每一个角落。在这个过程中,我深刻体会到,教育的本质是尊重——尊重每一个生命的独特性,尊重每一个孩子的成长节奏,尊重每一个孩子思想中的闪光点。这种尊重,既是对个体的肯定,也是对多样性的拥抱,它让教育充满了温度和力量。

教育之路并非一帆风顺,它需要我们不断地探索与实践,不断地反思与超越。正如我在教育生涯中经历的每一次蜕变,都是在挑战中寻找机遇,在困境中寻求突破。这些经历教会了我一个道理:真正的教育工作者不仅要有坚定的信念,还要有勇于创新的精神,更要有包容失败的胸怀。

展望未来,教育的征途依然漫长而充满未知。但我相信,只要我们坚持"尊重教育"的理念,不断探索适合当代孩子的教育方法,勇于承担起塑造未来的重任,我们就能培养出更多具有创新精神和社会责任感的新一代。这不仅是个人的使命,更是对整个社会、对未来的承诺。

在这个不断变化的世界中,我们以教育为舟、以尊重为帆,驶向那未知而又光明的彼岸。我们每一次的努力和付出,都是为了点亮孩子们心中的那一盏灯,让他们在未来的道路上看得更清、走得更远。

参 考 文 献

［1］陈钱林.教育的本质［M］.北京：天地出版社,2020.

［2］陈钱林.尊重教育新理念［M］.北京：人民教育出版社,2005.

［3］［法］卢梭.爱弥儿［M］北京：商务印书馆,1978.

［4］［美］杜威.民主主义与教育［M］.北京：人民教育出版社,2001.

［5］［苏联］苏霍姆林斯基.给教师的建议［M］.北京：教育科学出版社,2003.

［6］陶行知.学生自治问题之研究［M］.成都：四川教育出版社,1991.

［7］徐英瑾.人工智能哲学十五讲［M］.北京：北京大学出版社,2021.

［8］朱永新.走在新教育路上［M］.北京：中国人民大学出版社,2012.

后　记

　　《尊重教育：教育生态的诗意重构》一书，历经从初步构想、方案策划、文本撰写、专家审订到最终出版的流程，现已正式付梓。本书系统地阐述了"尊重教育"理念的核心内涵与实践框架，为基础教育改革提供了重要的参考样本。本书的出版，是瑞安市安阳实验小学团队系统性工作的成果，凝聚了所有安实小人持续二十余年的努力与专业智慧。从最初的框架搭建、核心观点的反复论证，到文稿的数易其稿与严谨校对，每个环节都凝聚着团队的深度协作与投入。

　　"尊重教育"理念本质上是一场教育生态的范式改革，其核心在于将儿童立场从抽象理念转化为具体的生态位重构。它要求教育者超越表面的信任表达，通过制度化的权利保障与个性化的成长支持系统，深度尊重每个生命独特的身心节律、认知路径与发展诉求。这不仅超越了单纯关注天赋或学困的二元补差模式，更是致力于构建一种能够激发内在动力、包容多元发展的教育生态。这样的生态最终将帮助学生实现从自尊自信到自主创造的跨越，成长为兼具创新韧性、社会关怀和终身发展能力的未来人才。

　　从古至今，"尊重"一直是教育的重要内核。孔子提倡"有教无类"，陶行知主张"生活即教育"，都体现了尊重学生的理念。在国际层面，《儿童权利公约》将"尊重儿童"确立为基本原则；在国内层面，《中华人民共和国未成年人保护法》同样明确规定要尊重未成年人的人格尊严。如今，AI正在改变我们的学习方式。人工智能工具能根据每个孩子的特点定制学习计划，让每个孩子都能按自己的节奏去学习。这种顺应儿童学习节奏、适应个体学习方式的教育改革，正是"尊重教育"理念中差异化教学的核心所在。这是全球教育发展的趋势，也是我国教育改革的方向。然而，当前国内对"尊重教育"的研究仍存在系统性不足、实践碎片化等问题，亟待加强理论探索和实践创新，以"尊重儿童"为核心理念重构教育生态，推动教育高质量发展。

　　我于1999年调入安阳实小。2001年，我跟随陈钱林校长课题组研究实践"尊重教育"理念。从班主任、大队辅导员、政教主任、副校长直至校长,我的心中始终镌刻"尊重思想·儿童世界"的核心价值观,在不同区域、不同类型的学校持续传承、探索、创新"尊重教育"。在每一所学校,我都以"尊重教育"理念为核心,致力于构建真正的儿童成长空间——在这里,儿童得以回归本真,校园处处焕发生命活力。

2011年9月,我调到瑞安市实验小学任副校长,分管德育工作。在实践过程中,我始终坚守"尊重儿童"的教育立场,依托百年老校的文化底蕴,创新性地将生活德育融入课程体系。通过整合玉海老街区、玉海藏书楼、国旗教育馆等特色场馆资源,开发出独具特色的德育课程,让学生在知识学习之外获得真实的生活教育体验。这种打破传统校园围墙的教育实践,成功将学校打造成为开放的"微型社会"。各类学工创意活动、"小鬼当家"生活实践、"红领巾"财商课程,以及以班级为单位自主经营的"红领巾"微公益体验岗,让学生逐步了解社会、学会生活、增长本领,同时在爱心传递中感受公益助人的力量。

2012年9月,我调到瑞安市虹桥路小学任校长,依然传承发扬"尊重教育"的核心理念,追求"尊重·发现·激励"的价值观,开展"1+1课堂改革"实践研究。这一教育主张强调将课堂主动权和兴趣选择权真正交还给学生:一方面通过课堂教学改革,让学生成为学习的主体;另一方面推进作业创新,赋予学生自主选择权。这种教学关系的重构,本质上是对学生的深度尊重,旨在帮助学生实现自我认知与发展——在学校提供的多样化课程和分层作业体系中,学生通过自主选择的过程,逐步认识自身兴趣、评估个人能力,最终培养独立判断和自主决策的勇气与能力。

2018年2月,时任瑞安市教育局局长的姜宗羽先生以卓越的教育远见,为深化安阳实验小学"尊重教育"品牌建设,特别将我调回该校任职,并指示我进一步开展"尊重教育"的理论研究和实践成果提炼工作。作为"尊重教育"理念的实践者与见证者,我深感传承与创新这一研究使命责无旁贷。为此,我专门召集教育专家、历任校长及课题组成员召开"尊重教育"专题研讨会,旨在凝聚教育共识、深化理论内涵,并系统规划基于"尊重教育"理念的学校整体改革路径。我们以系统思维推进全方位教育改革:在理念创新、德育模式升级、课堂教学改革、课程体系优化、空间功能重构,以及家校社协同育人等领域开展整体规划与实施。在此过程中,团队始终秉持"尊重教育"的核心价值取向,通过系统性改革重塑学校教育生态,在实践中取得了显著成效。2023 年,安阳实验小学获评"全国义务教育教学改革实验校",成为温州唯一一所改革实验校,这一荣誉足以载入温州教育史册。

在实践研究过程中,我们得到了多位专家的鼎力支持:中国人民大学俞国良教授、中国教育科学研究院原教育心理研究室李树珍教授、北京师范大学罗晓璐博士等,为"尊重教育"研究提供了宝贵的理论指导与文献支持。瑞安市安阳实验小学前三届领导班子在传承中创新,为研究积累了丰富的实践成果。

本书凝聚了编写团队的心血与智慧:副校长张碎莲、胡新国、叶世蛮、施德捧全程参与方案策划、意见征询、素材收集和稿件评审等工作;校办主任陈洁有效协调家校资源,推动多方建言与公益支持;时任学校工会主席谢员妹、政教处主任程晓敏、教导处主任谷炳铜、教科室主任金娥兰、总务处主任陈前、信息中心主任金联众、教务处副主任陈如如、林慧、岑天矛、信息中心副主任潘作东、校办副主任宋肖杰、总务处副主任兼司务长许一森以及大队辅导员肖学程、林春燕等,积极参与实践研究,全力支持与配合书稿编写工作。安阳实验小学全体教职员工在践行"尊重教育",推进学校整体改革中付出了智慧与辛勤劳动。

出版工作得到了荷载人文实验室、上海交通大学出版社、温州市教育局和瑞安市教育局的大力支持,以及游协超、范明龙、蔡建林、孙成米四位热心教育事业的企业家的慷慨资助。

在此,谨向所有关心和支持本研究的单位和个人致以最诚挚的谢意!

潘权威

2025 年 6 月